No Oficial
Harry Potter
Libro de Hechizos

de los más populares

Bombarda
Alohomora
Morsmordre
Expelliarmus
Expecto Patronum
Tarantallegra
Riddikulus
Obliviate
Lumos

los más secretos

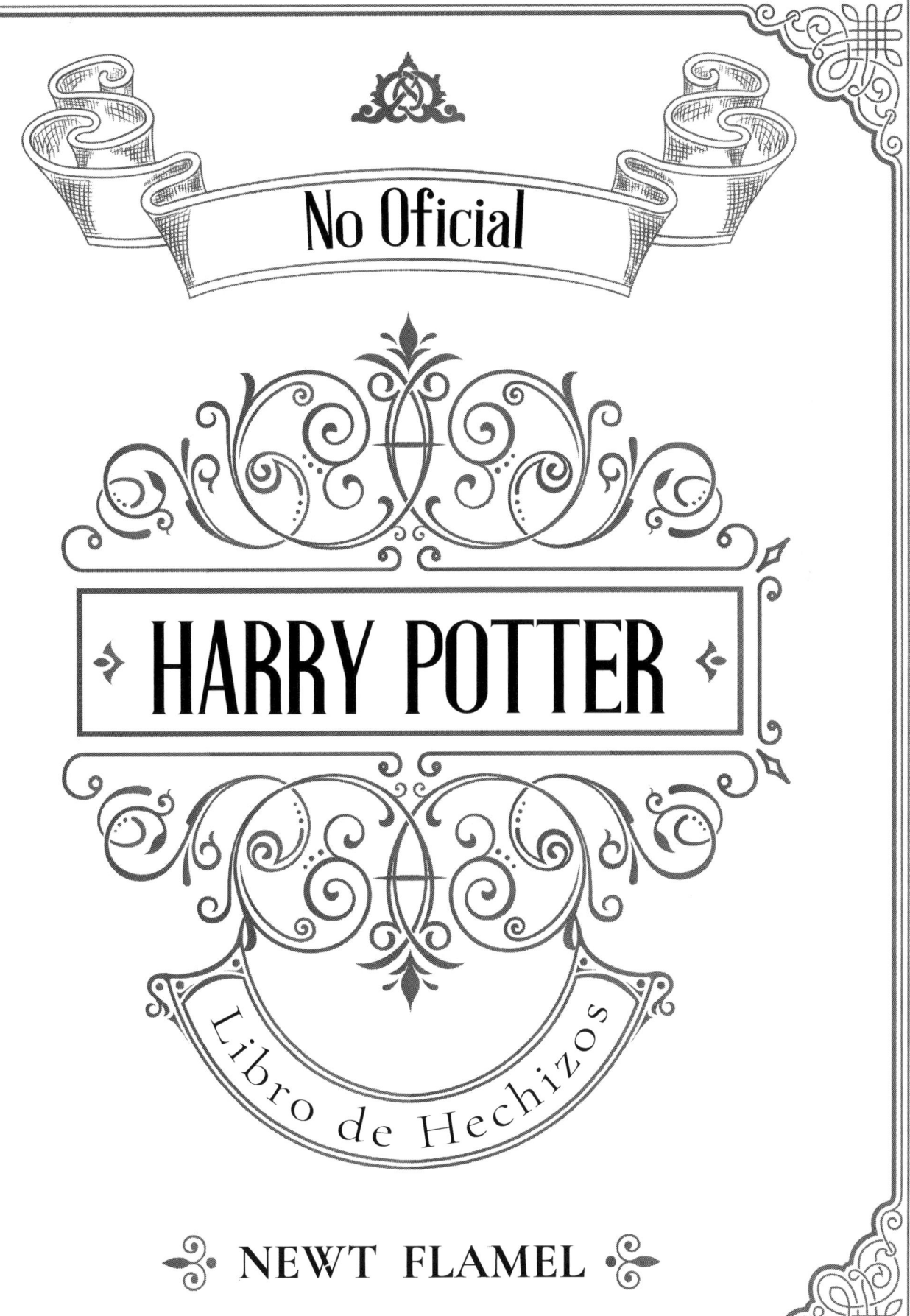

Copyright © 2022 por Newt Flamel

Todos los derechos reservados. Ninguna parte de esta publicación puede reproducirse, almacenarse en un sistema de recuperación o transmitirse de ninguna forma ni por ningún medio (incluidos los medios electrónicos, mecánicos, fotocopias, grabaciones u otros) sin el permiso previo por escrito del autor. Las solicitudes de permiso al autor deben enviarse por correo electrónico a newtflamel@bookis.top.

Todas las marcas comerciales son propiedad de sus respectivos dueños, se utilizan solo con fines editoriales y el autor no reclama la propiedad y no adquirirá ningún derecho, título o interés en dichas marcas comerciales en virtud de esta publicación.

Límite de responsabilidad/descargo de responsabilidad de la garantía: el autor no hace representaciones ni garantías con respecto a la precisión o integridad del contenido de este trabajo y renuncia específicamente a todas las garantías, incluidas, entre otras, las garantías de idoneidad para un propósito particular.

ÍNDICE DE CONTENIDOS

- ¡Lum☼s, Magos! 7
- Tipos y clasificaciones de hechizos 8
- A. Aberto, Accio 11
- B. Baubillious, Bluebell Flames 20
- C. Cantis, Capacious Extremis 23
- D. Defodio, Densaugeo 30
- E. Ebublio, Engorgio 36
- F. False Memory, Ferula 44
- G. Geminio 50
- H. Harmonia Nectere Passus, Herbifors, Herbivicus ... 52
- I. Illegibilus, Immobulus, Impedimenta 55
- L. Lacarnum Inflamari, Langlock, Legilimens 60
- M. Melofors, Meteolomaleficio Recanto, Mimblewimble ... 65
- N. N⚫x, Nebulus 69
- O. Oculus Reparo, Obliviate 70
- P. Pack, Papyrus Reparo, Patented Daydream 76
- Q. Quietus 83
- R. Redactum Skullus, Reducio, Reducto 84
- S. Salvio Hexia, Scourgify, Sectumsempra 90
- T. Tabù, Tarantallegra 95
- V. Vera Verto, Verdimillious, Verdimillious Duo 97
- W. Waddiwasi, Wingardium Leviosa 99
- Duelo 101
- ¡Queridos magos! 105

¡LUMOS, MAGOS!

Usar una varita correctamente no es como cortar leña 😁 Una persona ignorante o torpe puede agitar una varita hasta ponerse azul; no pasará nada o pasará algo completamente inimaginable, como cuando querías provocar una tormenta, pero invocaste una bolsa de caramelos de menta. Este libro de hechizos no oficial de HP fue creado para evitar tanta incomodidad y divertirte al mismo tiempo.

Ten en cuenta que cualquier hechizo en las manos equivocadas puede tener consecuencias muy poco divertidas, por lo que las limitaciones para la mayoría de los hechizos son la presencia de manos amables por parte del bromista (hechicero) y sentido del humor por parte del objetivo.

Además, quiero aclarar, todos los hechizos presentados a continuación se relacionan con el mundo mágico ficticio de la escritora J.K. Rowling.

TIPOS Y CLASIFICACIONES DE HECHIZOS

Encantamientos es la disciplina que estudia varios movimientos con una varita mientras se dicen simultáneamente una o más palabra. Cuando se realizan correctamente, estas acciones producen resultados diferentes.

Todos los hechizos se pueden pronunciar en voz alta o para uno mismo (los llamados "hechizos no verbales"). Para algunos hechizos, la pronunciación no verbal es obligatoria.

La dificultad de los Encantamientos es que cuando lanzas un hechizo, tienes que realizarlo exactamente como está estipulado en los libros. Cualquier movimiento indistinto de la varita, sonidos de palabras mágicas arrastrados o pronunciados incorrectamente pueden conducir a la ausencia del efecto deseado y también a consecuencias desastrosas.

Es más, las consecuencias impredecibles ocurren cuando se lanzan dos o más hechizos sobre una persona de manera simultánea. Por ejemplo, dos hechizos golpearon simultáneamente a Goyle durante una colisión en el Expreso de Hogwarts: Locomotor Mortis (atadura de pies) y Furnunculus (granos). Como resultado, después de haber perdido el conocimiento, Goyle estaba cubierto de pequeños tentáculos por todas partes.

La fuerza del hechizo y la duración de su acción dependen del poder del mago que lanza el hechizo. Por ejemplo, el hechizo Imperius impuesto al hijo de Bartemius Crouch y luego al mismísimo Bartemius Crouch padre se debilitó tanto con el tiempo que ambos pudieron resistir al principio y luego liberarse de la subyugación de la voluntad. Del mismo modo, un año después de que se le lanzara el hechizo Obliviate, Broderick Bode comenzó a recordar el habla.

Sin embargo, algunos hechizos no parecen depender del tiempo o se debilitan muy lentamente. Por ejemplo, los hechizos que protegen la Escuela Hogwarts son antiguos y muy poderosos.

Por lo general, el hechizo tiene una encarnación física en forma de un rayo de luz.

1. Dirección del hechizo

Los hechizos pueden ser dirigidos:

- A un área espacial (así es más a menudo cómo funcionan los hechizos de protección), y la varita mágica debe apuntar a esta área.

- Al objeto o ser vivo al que apunta la varita mágica (la mayoría de las veces, estos son hechizos de ataque).

- Sobre el tema al que no siempre se puede dirigir la varita pero que se indica verbalmente en el hechizo mismo (estos son hechizos de movimiento, la mayoría de las veces, el hechizo "Accio", que siempre requiere una aclaración, los hechizos del grupo "Locomotor" y "Mobili...").

- A un área, objeto o ser vivo que el hechicero conoce muy bien y que puede imaginar vívidamente (contacto mental, Aparición), aunque, de momento, no tiene contacto visual con el objeto.

2. Hechizos concretados (especificados)

Estos son hechizos que requieren que agregues el nombre del objeto o el propósito de la acción a la fórmula mágica.

Hechizos que requieren especificación:

- Locomotor + el nombre del objeto a embrujar.

- Accio + el nombre del objeto atraído (fuera de la vista).

- Hechizos del grupo Mobili (Mobilicorpus, Mobiliarbus). El nombre del sujeto está sólo en latín.

- Evanesco + el nombre del objeto en latín antes de la fórmula (por ejemplo, Vipera Evanesco destruye una serpiente).

3. Clasificaciones de hechizos

1. Encantamiento - cambia las propiedades inherentes al objeto.

2. Transformación - cambia la forma o apariencia de un objeto. Como hay cuatro ramas en la transformación, existen subtipos de hechizos de transformación:

- *Conjuro.* Estudia la creación de un objeto "de la nada".
- *Modificación.* Intercambio de características físicas entre dos puntos.
- *Transformación.* Cambiar la forma física del objeto.
- *Desaparición.* La desaparición del objeto.

3. Hechizo curativo - mejorar la condición de un objeto vivo, herido o enfermo.

4. Contra hechizo - Suprimir la acción de otro hechizo.

5. Maleficio - provoca inconvenientes menores al objeto, aunque deriva de la magia oscura.

6. Embrujo - incomoda al objeto en mayor medida que un maleficio, deriva de la magia oscura.

7. Maldición - el peor tipo de magia oscura. Afecta extremadamente de forma negativa al objeto.

SAETA DE FUEGO
Es una escoba de nivel profesional, muy rápida, muy sensible, equipada con freno automático. Alcanza velocidades de 150 mph en 10 segundos.

A

1. Aberto

Clasificación: Encantamiento

Di: A-ber-to

Interpretación: Esta palabra es un hechizo, que se pronuncia para abrir las puertas.

2. Accio

Harry es un experto en este hechizo

Clasificación: Encantamiento

Interpretación: Esta palabra es un hechizo, que se usa para invocar algo hacia el mago. El objeto que se llama puede estar o no estar a la vista del mago. El mago debe tener un objeto claro en su mente antes de invocarlo.

Clase de hechizo: Encantamiento de invocación

Visto/Especificado: Harry Potter domina diligentemente este hechizo en preparación para la primera prueba del Torneo de los Tres Magos y directamente durante su ejecución atrae a su propia escoba.

Durante la escena del cementerio, Harry atrae la Copa del Torneo de los Tres Magos, que era un traslador, para usarlo para regresar a Hogwarts.

Fred y George Weasley han atraído sus escobas para dejar Hogwarts para siempre.

Al despertarse el día de su cumpleaños, Harry invocó las gafas. Por lo tanto, "Accio" fue el primer hechizo que Harry usó tras haber alcanzado la mayoría de edad.

Los gemelos Weasley usaron un hechizo para tomar el cabello de un muggle pelirrojo de la barbería del pueblo y agregarlo a la poción multijugos de Harry. En la boda de Bill y Fleur, Harry se parecía a este muggle y se hacía llamar Barney Weasley.

Contra hechizos: Hay contra hechizos para este hechizo, y se usan en las bóvedas de Gringotts, el banco de los magos.

Etimología: La palabra latina accio significa "yo llamo" o "yo invoco".

Di: AK-si-o

Dato curioso: Es una excelente manera de comer un bocadillo sin tener que levantarse del sofá. ¡Accio tarta de melaza! 🍰

3. Age Line (Línea de Edad)

Clasificación: Encantamiento

Interpretación: Una fina línea dorada dibujada mágicamente en el suelo. Solo aquellos cuya edad no contradiga las restricciones pueden cruzarla. No responde a los efectos de pociones y hechizos.

Visto/Especificado: Utilizada por Dumbledore en el cuarto libro para restringir el acceso al Cáliz de Fuego: la línea de edad impedía que los estudiantes que no habían alcanzado la mayoría de edad presentaran una solicitud con su nombre en el Cáliz. Algunos estudiantes, como los gemelos Weasley, intentaron engañar a la línea con una poción de envejecimiento, pero fallaron. Los muchachos salieron volando del círculo y les crecieron largas barbas grises.

4. Aguamenti

Clasificación: Encantamiento, Conjuro

Interpretación: Hechizo que materializa agua en forma de chorro desde el extremo de la varita. Se puede utilizar para beber y otras necesidades: por ejemplo, extinción de incendios, para fines domésticos. En Hogwarts, Aguamenti se estudia en el sexto año de la asignatura de Encantamientos.

Clase de hechizo: Hechizo para crear agua

Visto/Especificado: Cuando Albus Dumbledore y Harry buscaban el relicario-horrocrux, Dumbledore se vio obligado a beber una poción que estaba en el cuenco ya que era imposible conseguir el relicario de otra forma. Una sed terrible comenzó a atormentarlo. Harry trató de ayudar a su maestro, usando este hechizo, que no funcionó: no conjuró agua ni alivió su sed, como Voldemort había previsto, quien escondió el horrocrux.

Un poco más tarde, Harry ayuda a extinguir la choza quemada de Hagrid con la ayuda del hechizo Aguamenti. Esta vez, el hechizo funcionó con toda su fuerza.

Dato interesante: en la película Harry Potter y las Reliquias de la Muerte: Parte 2, Harry usó este hechizo para protegerse de las llamas en la Sala de los Menesteres. En el libro, el hechizo no funcionó, ya que el Fuego Demoníaco estaba tan caliente que el chorro se evaporó inmediatamente.

Di: AH-gua-MEN-ti

> **Dato curioso:** El hechizo se puede usar como una pistola de agua.

5. Alarte Ascendare

Clasificación: Encantamiento

Interpretación: Dispara al objetivo alto en el aire.

Visto/Especificado: El hechizo fue utilizado por Gilderoy Lockhart en 1992 en la película Harry Potter y la Cámara Secreta para destruir la serpiente invocada por Draco Malfoy. Como resultado, en lugar de desaparecer, simplemente voló por los aires y se estrelló.

Di: a-LAR-te a-SEN-der-eh

6. Alohomora

Hermione es experta en este hechizo

Clasificación: Encantamiento

Interpretación: Se utiliza para abrir puertas cerradas u otros objetos cerrados.

Clase de hechizo: Encantamiento de desbloqueo

Visto/Especificado: Hermione Granger usó un hechizo para abrir una puerta en Hogwarts al tercer piso, el cual estaba prohibido, en 1991. Hermione también usó Alohomora para abrir una ventana en la oficina de Filius Flitwick para liberar a Sirius Black en 1994.

Historia de origen: Este hechizo llegó al Reino Unido desde África. El mago Eldon Elsrickle lo escuchó de un mago africano y decidió que había obtenido una herramienta única que le permitiría robar en las casas de ciudadanos decentes y no muy decentes. Con la ayuda de Alohomora, los asuntos de Eldon fueron bien; a veces, se encontraba con magos, pero rápidamente los compraba con un nuevo hechizo. Como resultado, los ladrones inundaron la ciudad. La serie de robos fue detenida solo por la invención del Hechizo de Bloqueo, el cual no es susceptible a Alohomora.

Di: ah-LOH-jo-MOR-ah

Dato curioso: Al menos ya no tienes que preocuparte si de repente olvidas las llaves en el coche.

7. Amato Animo Animato Animagus

Clasificación: Transformación

Interpretación: El hechizo Animagus es un hechizo de transformación utilizado en el proceso de convertirse en Animago.

Características: Aunque la fórmula verbal de un hechizo es obligatoria para el ritual, no es lo único necesario para convertirse en animago. Entre otras cosas, todo el proceso requiere una buena cantidad de experiencia en transformación y pociones, así como una gran cantidad de paciencia.

El hechizo debe realizarse al amanecer y al atardecer todos los días antes de consumir la poción Animagus. El hechizo también se realiza inmediatamente después de consumir la poción, lo que debería ocurrir durante el resplandor de un relámpago. El hechizo debe realizarse colocando la punta de la varita sobre tu propio corazón.

Dado que la poción debe beberse solo durante el resplandor de un relámpago, un futuro animago puede esperar la oportunidad adecuada durante semanas, meses o incluso años. La violación de los procedimientos puede conducir al fracaso en convertirse en un animago completo.

Datos interesantes: Amato Animo Animato Animagus es la única fórmula verbal que consta de cuatro palabras. Las cuatro palabras de la fórmula suenan muy similares, como un trabalenguas. Aparentemente, esto resalta la complejidad del proceso de convertirse en animago, que puede ser increíblemente largo y difícil.

Di: ah-MAH-toh ah-NI-moh ah-nI-MAH-toh an-i-MA-gus

8. Anapneo

Clasificación: Hechizo Curativo, Desaparición

Interpretación: Este cántico es un hechizo curativo, que despeja las vías respiratorias del objetivo al desvanecer lo que sea que lo esté asfixiando.

Visto/Especificado: Horace Slughorn usó este hechizo en Marcus Belby en 1996 cuando este último se estaba ahogando con un faisán.

Di: ah-NAP-ne-oh

9. Anteoculacia

Clasificación: Embrujo

Interpretación: Este hechizo hace crecer astas al objetivo.

Visto/Especificado: En 1996, después de que Fred y George Weasley dejaran Hogwarts, alguien lanzó este hechizo sobre Pansy Parkinson.

Di: an-ti-oh-ku-LA-ci-ah

« Al día siguiente, para deleite de Hermione, Pansy Parkinson se perdió todas sus clases porque de repente le salieron cuernos » – Harry Potter y la Orden del Fénix

10. Aparecium

Clasificación: Encantamiento

Interpretación: Este hechizo hace visibles los escritos que han sido escritos con tinta invisible o cualquier otra sustancia.

Clase de hechizo: Encantamiento revelador

Visto/Especificado: Hermione Granger usó este hechizo en 1993 para intentar revelar la escritura oculta escrita en el Diario de T.M. Riddle.

Dato interesante: En el siglo XIII, el hechizo fue utilizado activamente por la numeróloga Bridget Wenlock. Era extremadamente meticulosa en la vigilancia de sus cálculos, pero era extremadamente distraída y, a menudo, perdía sus notas, por lo que pasó todo el día revisando cada hoja de papel en la ciudad con Aparecium.

Di: AH-par-EH-si-um

11. Appare Vestigium

Clasificación: Encantamiento

Interpretación: Este hechizo revela rastros, pistas y huellas de magia.

Clase de hechizo: Hechizo de rastreo

Visto/Especificado: Mientras buscaba a Porpentina Goldstein, Newton Scamander usó este hechizo.

Di: ah-PAR-eh ves-TI-gi-um

12. Arania Exumai

Clasificación: Encantamiento

Interpretación: Este hechizo se usa para ahuyentar a las arañas, incluidas las especies más grandes.

Clase de hechizo: Hechizo repelente de arañas

Visto/Especificado: Harry Potter escucha el hechizo por primera vez en el recuerdo de Tom Riddle, en el que cayó gracias al Diario de Riddle. Es testigo de cómo Tom expone a Hagrid por albergar a la araña acromántula Aragog. Riddle usa Arania Exumai contra Aragog, que huye, provocando que el hechizo falle. Parece que Harry pudo memorizar este hechizo y lo usó con éxito en el Bosque Prohibido contra los hijos de Aragog y Mosag.

Dato interesante: El hechizo es bastante simple (ya que un estudiante de segundo año podría aprenderlo), y desencadena en un destello brillante de color azul blancuzco. Si el hechizo golpea la piedra, dejará un rastro negro carbonizado.

Di: ah-RA-i-a EKS-su-mai

13. Arresto Momentum

Clasificación: Encantamiento

Interpretación: Este hechizo reduce la velocidad de los objetivos. También disminuye la velocidad del mago, de ser necesario. Daisy Pennifold lo inventó en 1711 para usarlo en la Quaffle en Quidditch.

Clase de hechizo: Encantamiento ralentizador

Visto/Especificado: En 1927, el mago alemán Rudolph Spielman usó este hechizo para salvar su vida después de que Gellert Grindelwald lo arrojara a él y su varita fuera de su carruaje, usando este hechizo para evitar que cayera al agua.

En 1993, Albus Dumbledore usó este hechizo para frenar la caída de Harry Potter después de que los dementores lo atacaran durante un partido de Quidditch.

Di: ah-REST-oh mo-MEN-tum

14. Ascendio

Clasificación: Encantamiento

Interpretación: Este hechizo hace flotar al mago en el aire y también funciona bajo el agua. Si se conjura bajo el agua, el hechizo impulsa al mago hacia la superficie del agua.

Visto/Especificado: Harry Potter usó este hechizo en la Segunda Prueba del Torneo de los Tres Magos en 1995. El hechizo lo impulsó hacia la superficie del lago.

Di: ah-SEN-di-oh

15. Avada Kedavra

Maldiciones Imperdonables

Interpretación: Una de las tres Maldiciones Imperdonables prohibidas por el Ministerio de Magia.

Cualquier aplicación a un ser humano es suficiente para cadena perpetua en Azkaban. Es un rayo de color verde. Después de la aplicación, un ser vivo muere instantáneamente sin sufrir. Al mismo tiempo, todos los órganos permanecen intactos y no se puede determinar la causa de la muerte. Si golpea objetos inanimados, también causa daños, hasta la destrucción. No todos los magos pueden usar este hechizo, ya que requiere un gran poder mágico y un deseo sincero de matar.

Contra hechizo: No hay contra hechizos para un hechizo tan poderoso. Sin embargo, no puede llamarse "absolutamente irresistible". Por ejemplo, si pones una barrera material en forma de objetos circundantes en el camino del hechizo, lo detendrán. Esto es lo que hizo Dumbledore en el Departamento de Misterios: cuando Harry no tuvo oportunidad de evadir el ataque de Voldemort, revivió la estatua del Mago en el atrio y la obligó a proteger a Harry; el hechizo se reflejó en la estatua y rebotó en la pared.

Visto/Especificado: Voldemort la usó para matar a muchas de sus víctimas sin ningún remordimiento.

Di: ah-VAH-dah keh-DAV-rah

16. Avenseguim

Clasificación: Encantamiento

Interpretación: El hechizo se usa para convertir cualquier objeto en un dispositivo de rastreo.

Visto/Especificado: En 1927, Newton Scamander usó este hechizo mientras buscaba a Porpentina Goldstein. Rastreó el origen de una pluma, que provenía del sombrero de Yusuf Kama.

Di: ah-ven-SEH-gwim

17. Avifors

Clasificación: Transformación, Maleficio

Interpretación: Un hechizo que transforma a un oponente en un pájaro o bandada de pájaros. Este hechizo se estudió en Transformaciones de segundo año en 1992. ¡No debe confundirse con el hechizo Avis!

Efecto adicional: Cuando se usa de forma ofensiva, un chorro de luz azul saldrá disparado desde el extremo de la varita, lo que convertirá al enemigo en una bandada de murciélagos en lugar de un pájaro o una bandada de pájaros. Estos roedores se pueden controlar, aunque la mayoría de las veces solo vuelan en diferentes direcciones.

Di: AH-vi-fors

18. Avis

Clasificación: Conjuro, Encantamiento

Interpretación: Puede conjurar una bandada de pájaros desde la punta de la varita del mago. El hechizo también se puede usar de manera ofensiva.

Visto/Especificado: El Sr. Ollivander utilizó este hechizo para comprobar el estado de la varita mágica de Viktor Krum en la ceremonia de verificación de las varitas de los campeones antes del Torneo de los Tres Magos.

Al usar el hechizo Avis, quizás, Hermione Granger creó una bandada de pájaros amarillos mientras estaba sentada molesta en un salón de clases vacío durante una fiesta en la que se celebró la victoria de Quidditch de Gryffindor, y luego arrojó los pájaros sobre el "culpable" Ron, agregando el hechizo Oppugno.

Di: AH-vis

> **Dato curioso:** El hechizo es muy adecuado si quieres hacerte pasar por un mago muggle.

B

1. Baubillious

Clasificación: Encantamiento

Interpretación: Este hechizo provoca un rayo de luz blanca y es de naturaleza dañina. Se desconocen los efectos exactos de este hechizo.

Di: baw-BILL-i-us

2. Bluebell Flames (Llamas Azules)

Clasificación: Encantamiento

Interpretación: Un hechizo que provoca fuego. El fuego mágico es de color azul brillante, el cual calienta perfectamente y se puede transferir de un lugar a otro. Para ello, se debe colocar en algún tipo de recipiente, por ejemplo, un frasco de cristal. Aunque el fuego mágico da mucho calor, los frascos en los que se coloca no se calientan y no queman las manos. No se puede extinguir con agua. Gracias a estas cualidades, el fuego mágico se considera práctico y cómodo de usar.

Visto/Especificado: En 1991-1992, Hermione Granger usó este hechizo al menos dos veces. La primera vez que Hermione usó este hechizo fue para calentarse con Harry Potter y Ron Weasley en el Patio a principios de noviembre. La segunda vez, Hermione usó este hechizo contra el Lazo del Diablo para escapar mientras buscaban la Piedra Filosofal.

En 1992-1993, Hermione Granger usó este hechizo para encender un fuego debajo de un caldero en un baño de niñas abandonado para preparar una poción multijugos.

En 1997-1998, Hermione Granger usó este hechizo durante la Segunda Guerra Mágica para mantener el calor y cocinar alimentos.

Di: Desconocido

3. Bombarda

Clasificación: Encantamiento

Interpretación: Provoca una pequeña explosión.

Clase de hechizo: Encantamiento explosivo

Visto/Especificado: Hermione Granger explota la rejilla detrás de la cual está sentado Sirius Black.

Di: bom-BAR-da

4. Bombarda Máxima

Clasificación: Encantamiento

Interpretación: Crea una gran explosión, que también puede destruir paredes. Es uno de los hechizos más avanzados utilizados para crear explosiones.

Visto/Especificado: Al no encontrar la puerta de la Sala de los Menesteres, Dolores Umbridge simplemente derriba la mitad de la pared.

Di: BOM-bar-da MAX-i-ma

5. Brackium Emendo

Clasificación: Encantamiento, Hechizo Curativo

Interpretación: Se afirma que este hechizo puede curar huesos rotos, pero esto nunca se ha probado en la práctica.

Visto/Especificado: La fórmula mágica del hechizo solo aparece en la película Harry Potter y la Cámara Secreta (en el libro, Lockhart lo conjura de forma no verbal) en la escena en la que el profesor Lockhart intenta curar el brazo roto de Harry. Después de tal "tratamiento", el niño tuvo que pasar toda la noche en el hospital, volviendo a crecer huesos con la ayuda de la poción Crecehuesos. Madame Pomfrey, la sanadora de Hogwarts, le dio a Harry esta poción ya que las acciones de Lockhart causaron una tormenta de indignación en ella. Después de todo, sería mucho más fácil curar una fractura que hacer crecer treinta y tres huesos de la nada.

« Acuéstate, Harry. Es un encantamiento simple que he usado innumerables veces » – Lockhart

Di: BRA-ki-am i-MEN-do

6. Bubble-Head (Encantamiento Casco-Burbuja)

Clasificación: Encantamiento

Interpretación: Este hechizo crea una burbuja de aire alrededor de la cabeza del mago, lo que le permite respirar bajo el agua.

Visto/Especificado: El profesor Filius Flitwick enseñó estos encantamientos a estudiantes de sexto año en la clase de Encantamientos durante el año académico 1989-1990.

El 24 de febrero de 1995, Cedric Diggory y Fleur Delacour usaron este hechizo para completar la segunda prueba del Torneo de los Tres Magos.

En 1996, los estudiantes de Hogwarts usaron este hechizo para protegerse de las bombas de estiércol y las bolitas apestosas, que se pusieron de moda para esparcir en los pasillos de la escuela después de que Dolores Umbridge fuera nombrada directora.

> **Dato curioso:** ¿Habría logrado la bella Fleur mantener su maquillaje bajo el agua? Sin el encantamiento casco-burbuja, ¡difícilmente!

22   ◊   Hechizos con la letra B

1. Cantis

Clasificación: Maleficio

Interpretación: Este hechizo hace que las víctimas canten canciones de forma descontrolada.

Visto/Especificado: Los profesores de Hogwarts usaban este hechizo para encantar armaduras. Severus Snape también fue golpeado una vez por este hechizo.

Di: CAN-tis

> **Dato curioso:** ¿Olvidaste tus auriculares? No hay problema, ahora puedes tener fácilmente un coro en cualquier lugar público.

2. Capacious Extremis

Clasificación: Encantamiento

Interpretación: Un hechizo bastante complejo que te permite guardar muchas cosas en un objeto pequeño o en un espacio pequeño. En otras palabras, la cosa en el interior se vuelve mucho más pequeña que en el exterior.

Visto/Especificado: Hermione Granger lanzó el hechizo Capacious Extremis a un pequeño bolso de mano con cuentas. El bolso era tan pequeño que Hermione lo escondió metiéndolo en su calcetín en un momento de peligro. Y al mismo tiempo, había suficiente espacio para una tienda mágica, platos, pociones medicinales, una pequeña biblioteca, pequeñas cantidades de poción multijugos, ropa para tres personas (Harry, Ron y la propia Hermione), la mochila de Harry e incluso un retrato de Phineas Black.

El hechizo Capacious Extremis también se aplica a las tiendas de magos. Una tienda de campaña para dos personas de aspecto ordinario resulta ser un pequeño apartamento con muebles y una pequeña cocina en el interior. Eso es lo que vimos en la Copa Mundial de Quidditch.

Probablemente el mismo hechizo se aplicó al cofre de Alastor Moody. Había siete compartimentos en él, donde el último contenía una especie de mazmorra de diez pies de profundidad, donde Moody probablemente mantenía a los Mortífagos capturados, y luego Barty Crouch Jr. mantuvo al propio Alastor.

Newt Scamander guardaba toda una colección de animales mágicos en su maleta. Parecía una maleta de tamaño normal. Pero después de abrirla, podías entrar bajando los escalones hasta lo más profundo de la maleta.

Además, el hechizo probablemente fue lanzado a la Sala de los Menesteres en Hogwarts.

Dato interesante: Parte de este hechizo es el hechizo "relajador". Después de todo, la misma Hermione, sin esforzarse, lleva un bolso de cuentas lleno de muchas cosas nada fáciles.

Di: ca-PA-cius ex-TREM-is

Dato curioso: ¿Por qué pagar de más por bienes raíces? En cualquier momento, podemos ampliar el apartamento de un dormitorio y convertirlo en un castillo.

3. Cave Inimicum

Clasificación: Encantamiento

Interpretación: Una fórmula verbal de encantamientos protectores que crea una barrera que oculta al mago de miradas indiscretas. Las personas al otro lado de la barrera no pueden verlos, oírlos u olerlos si el hechizo se realiza correctamente.

Visto/Especificado: Este hechizo fue utilizado por Hermione Granger y Harry Potter cuando defendieron el área alrededor de la tienda en 1997.

Di: CAH-ve uh-NIM-i-cum

4. Circumrota

Clasificación: Encantamiento

Interpretación: Este hechizo gira los objetivos.

Visto/Especificado: Leta Lestrange usó este hechizo para rotar una torre de registros en la Sala de Registros de la Sede del Ministerio de Magia de Francia para ver a Newton Scamander y Porpentina Goldstein, quienes se escondían detrás de la torre.

Di: SIR-cum-ro-ta

5. Cistem Aperio

Clasificación: Encantamiento

Interpretación: La fórmula verbal de encantamientos que se utilizan para volar una cerradura o abrir una tapa cerrada con llave de una caja, cajón o cofre. Un hechizo muy poderoso.

Visto/Especificado: En 1943, Tom Riddle explota la tapa del cofre en el que Aragog se escondía con este hechizo.

En 1995, Severus Snape hizo estallar la cerradura del cofre que contenía a Alastor Moody con este hechizo.

> Tom Riddle: « ¡Hazte a un lado, Hagrid! »
> Hagrid: « ¡No! »
> Tom Riddle: « ¡Cistem aperio! »

Di: SIS-tem ah-PE-ri-o

6. Colloportus

Clasificación: Encantamiento

Interpretación: Un hechizo que sella puertas. Después de eso, la puerta no se puede abrir sin el uso de magia. El contra hechizo era el Alohomora.

Visto/Especificado: Durante la batalla en el Departamento de Misterios, cuando los chicos intentaron bloquear las entradas y esconderse allí de los mortífagos que los perseguían.

Dato interesante: Es muy posible que Severus Snape sellara la puerta con este hechizo para que Colagusano no pudiera escuchar su conversación con Narcissa Malfoy y Bellatrix Lestrange en 1996, usándolo de forma no verbal.

Di: col-lo-POR-tus

| 7. Colovaria | *Ron es un experto en este hechizo* |

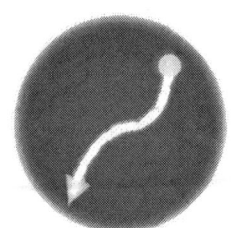

Clasificación: Encantamiento

Interpretación: Hechizo que puede cambiar el color de un objeto inanimado, así como el pelaje o el pelo de un ser vivo.

Visto/Especificado: Harry aplicó espontáneamente estos encantamientos cuando cambió el color de la peluca del maestro en la escuela primaria de St. Grogory a azul brillante.

En junio de 1992, Albus Dumbledore cambió la decoración del Gran Salón de forma no verbal: los colores verde y plateado de Slytherin fueron reemplazados por los colores rojo y dorado de Gryffindor.

En 1996, Harry Potter confundió este hechizo con un hechizo de crecimiento, y la rata, a la que le dijeron que hiciera naranja, se hinchó hasta alcanzar el tamaño de un tejón.

En 1997, Colovaria fue uno de los primeros hechizos que Harry usó, regocijándose por la mayoría de edad y el levantamiento de la prohibición de la brujería fuera de la escuela. Convirtió los trajes naranjas de los Chudley Cannons, representados en el cartel colgado en la habitación de Ron, en azul.

« Rayo de sol, margaritas, vuelvan amarilla a esta tonta ratita. » – Ron

Di: co-loh-VA-ri-ah

8. Confringo

Clasificación: Encantamiento

Interpretación: Una maldición que hace que el objetivo explote. Un golpe directo a una persona puede causar daños graves o incluso la muerte.

El hechizo es un rayo púrpura que explota después de dar en el blanco.

Visto/Especificado: Durante la Operación de los Siete Potter, Harry hace explotar el sidecar de la motocicleta de Sirius Black.

Más tarde, Hermione intenta matar a Nagini en la casa de Bathilda Bagshot en el Valle de Godric.

Harry trató de derrotar a la misma Nagini en Harry Potter y las Reliquias de la Muerte:

Parte 2 con este mismo hechizo, pero rebotó de Nagini, quien estaba protegida mágicamente, hacia los Mortífagos. Enfurecido, Voldemort le lanza Confringo a Harry Potter.

Di: kon-FRIN-go

Nota: Peter Pettigrew pudo haber usado este hechizo en una batalla con Sirius Black, lo que resultó en una explosión en forma de un gran embudo, matando a doce muggles.

9. Confundo

Clasificación: Encantamiento

Interpretación: Los encantamientos se usan para causar desorden en los pensamientos de una persona e interrumpir el funcionamiento de varios objetos mágicos. Esto no se aplica a las Maldiciones Imperdonables ya que la voluntad de una persona sujeta a Confundo permanece libre. Simplemente pierde algo de orientación en el espacio y sus propias acciones.

Visto/Especificado: En 1927, Newt Scamander usa este hechizo en París para desorientar a un policía y así pasar desapercibido a través de la estatua con Jacob.

Barty Crouch Jr. (a finales de octubre de 1994) utiliza un hechizo contra el Cáliz de Fuego en el Torneo de los Tres Magos para que este objeto mágico elija a Harry Potter como "campeón" de una cuarta escuela (aunque solo había tres escuelas) para participar en el Torneo.

En el sexto año (septiembre de 1996), Hermione Granger usa un hechizo sobre Cormac McLaggen para que pierda las pruebas de guardián.

En julio de 1997, Severus Snape aplicó un hechizo a Mundungus Fletcher y sugirió el plan para la Operación de los Siete Potter.

En el epílogo del séptimo libro, Ron Weasley le confiesa a Harry que usó el hechizo Confundo en el instructor para obtener una licencia de conducir muggle.

Datos interesantes: Se puede imponer Confundo a los muggles que viven cerca de los magos.

Por lo general, con el tiempo, el hechizo Confundo se disipa, pero puede ser eliminado por varios hechizos (por ejemplo, Finite).

Quirinus Quirrell (junio de 1992) pudo haber aplicado este hechizo a las piezas de ajedrez para atravesar la habitación de McGonagall sin jugar al ajedrez.

En el libro, al lanzar un hechizo sobre McLaggen, Hermione sacó sigilosamente su varita y pronunció el hechizo de forma no verbal. En la película, por el contrario, no saca una varita, sino que, tapándose con la palma de la mano, susurra: Confundo.

Di: con-FUN-do

Dato curioso: Ahora puedes ganar cualquier disputa. Si el oponente gana, puedes usar un hechizo para cambiar la opción de respuesta.

10. Crinus Muto

Clasificación: Transformación

Interpretación: Este canto cambia el color y el estilo del cabello.

Visto/Especificado: En 1996, el color de las cejas de Harry se volvió amarillo. Se considera que esto sucedió debido a este hechizo.

11. Crucio

Maldiciones Imperdonables

Clasificación: Maldición

Interpretación: Una de las tres Maldiciones Imperdonables. Su aplicación a una persona se castiga con prisión en Azkaban. La víctima de esta maldición comienza a sentir un dolor intenso, y esta maldición puede volver loca a la víctima. El dolor de esta maldición es igual al de cuchillos calientes clavados en el cuerpo del objetivo. El mago debe estar muy enojado con la víctima y disfrutar del dolor de la misma.

Existe la oportunidad de elegir el lugar donde debe ocurrir el dolor dirigiendo una varita mágica a este lugar.

Clase de hechizo: Maldición Cruciatus

Visto/Especificado: Esta maldición se usa muchas veces a partir del cuarto libro.

Di: KRU-si-oh

D

1. Defodio

Clasificación: Encantamiento

Interpretación: Encantamiento para agrandar y abrir agujeros en piedra y tierra.

Visto/Especificado: En el año académico 1989-1990 en el Colegio Hogwarts de Magia y Hechicería, el profesor Flitwick enseñó a los estudiantes de sexto año cómo lanzar estos hechizos.

En 1998, Harry, Ron y Hermione lo usaron para destruir el techo durante el escape en dragón del Banco Gringotts.

Di: deh-FOH-di-oh

2. Densaugeo

Clasificación: Embrujo

Interpretación: Este embrujo hace que los incisivos superiores crezcan rápidamente, después de lo cual se vuelven muy largos y pueden llegar hasta el mentón. Probablemente seguirán creciendo hasta que un hechizo los detenga.

Visto/Especificado: En el cuarto año, Draco Malfoy aplicó este hechizo a Harry Potter, pero él lo esquivó y el hechizo golpeó a Hermione Granger. Cuando Hermione fue llevada de urgencia a la enfermería en busca de ayuda, sus dientes ya habían llegado al cuello de su túnica.

En 2020, este hechizo fue utilizado por un Draco Malfoy adulto, quien llegó a la casa de Harry Potter para resolver el problema de la prohibición de comunicación entre sus hijos.

Dato interesante: Es muy posible que el hechizo tenga propósitos bastante "pacíficos". Por ejemplo, hacer crecer un diente caído.

Di: den-SAU-ge-oh

3. Deprimo

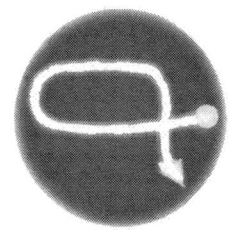

Clasificación: Encantamiento

Interpretación: Este encantamiento puede hacer estallar los agujeros presentes en la superficie.

Visto/Especificado: Hermione Granger usó este hechizo en 1998 para hacer un agujero en el piso de la sala de estar de la casa de Xenophilius Lovegood.

Di: deh-PRIM-oh

4. Depulso (Encantamiento Repulsor)

Clasificación: Encantamiento

Interpretación: Este encantamiento es lo opuesto al encantamiento de invocación y aleja al objetivo del mago.

Visto/Especificado: Este hechizo fue estudiado en el libro Harry Potter y el Cáliz de Fuego, cuando los estudiantes se arrojaban almohadas en clase.

Di: deh-PUL-soh

> **Dato curioso:** Probablemente sea un hechizo útil, en una ciudad muggle, durante la hora pico.

5. Descendo

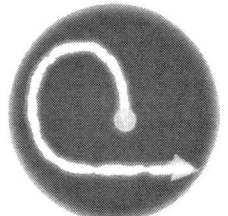

Clasificación: Encantamiento

Interpretación: Encantamientos que bajan objetos que cuelgan en el aire, pero si el objetivo no está en el aire sino sobre un objeto (por ejemplo, libros en una estantería), el objetivo simplemente cae.

Visto/Especificado: En el año académico 1988-1989, el profesor Flitwick enseñó a los estudiantes de quinto año este hechizo en una lección de Encantamientos.

En el año académico 1992-1993, Draco Malfoy usó el hechizo Descendo en un duelo con Harry Potter.

En 1998, Vincent Crabbe derribó un muro de chatarra en la Sala de los Menesteres sobre Ron con este hechizo.

En el mismo año, Harry Potter, para ralentizar el Fuego Demoníaco, le arrojó cosas con este hechizo.

Di: deh-SEN-doh

6. Desmaius (Hechizo Aturdidor)

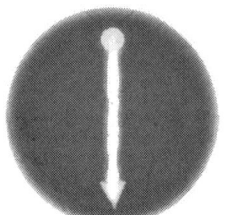

Clasificación: Encantamiento

Interpretación: El hechizo está diseñado para aturdir a un oponente o a objetos en movimiento.

Visto/Especificado: Uno de los hechizos más utilizados. Se ha utilizado muchas veces tanto en películas como en libros.

Datos interesantes: Lo más probable es que Desmaius sea el hechizo de combate principal ya que, en la película Harry Potter y la Orden del Fénix, Harry lo describe como el hechizo ofensivo por excelencia para todos los magos.

El efecto de Desmaius se puede multiplicar si varios magos lo lanzan simultáneamente sobre el objetivo. Esto puede tener un efecto extremadamente fuerte e incluso matar a un mago.

El hechizo afecta a animales, criaturas mágicas de cualquier tamaño y fuerza, pero no es efectivo contra trolls, gigantes y dragones.

Di: DES-mah-i-us

7. Diffindo (Hechizo de Separación)

Clasificación: Encantamiento

Interpretación: Este encantamiento se usa para cortar objetos con precisión.

Visto/Especificado: El 23 de noviembre de 1994, Harry Potter corta la mochila de Cedric Diggory con este hechizo para obligarlo a detenerse en el pasillo. Harry quería hablar con él sin testigos.

El 25 de diciembre de 1994, Ron Weasley usó este hechizo para deshacerse del encaje de su traje de desfile antes del Baile de Navidad.

El 14 de septiembre de 1996, Harry usó este hechizo para cambiar las portadas de dos copias de Elaboración Avanzada de Pociones. La primera copia, que pertenecía al misterioso Príncipe Mestizo, fue utilizada por Harry temporalmente, y la segunda copia le pertenecía a él personalmente. Harry realmente quería apropiarse del libro de texto del príncipe, por lo que buscó una artimaña, cambió las cubiertas y le dio al profesor Slughorn el nuevo libro de texto, disfrazado del antiguo, y tomó el antiguo disfrazado del nuevo para él.

El 1 de agosto de 1997, Hermione Granger usó este hechizo para cortar las cuerdas que enredaban a Ron Weasley, pero debido a la emoción, accidentalmente le cortó los jeans junto con la rodilla.

El 28 de diciembre de 1997, con la ayuda de Diffindo, Harry partió el hielo del lago para conseguir la Espada de Gryffindor.

Dato interesante: La hechicera Delfina Crimp, que vivía en Londres en el siglo XV, inventó el hechizo Diffindo para cortar telas e hilos de forma rápida y cómoda mientras cosía. Era modista y disfrutó de un gran éxito, lo que despertó la envidia de otros sastres. Como resultado, un muggle rival espió que estaba usando magia y no tenía las tijeras necesarias para ser modista en el taller, y Delfina casi fue arrestada. Afortunadamente, logró aparecerse, pero después de eso, usó el hechizo más de una vez para destruir vestidos cosidos por su malvado rival.

« ¿Tradicional? ¡Es arcaico! ¡Me parezco a mi tía abuela Tessie! ¡Huelo como mi tía abuela Tessie! Mátame, Harry. » — Ron

Di: dih-FIN-doh

Dato curioso: ¡Diffindo es la mejor opción para todos los que aman hacer cosas con sus propias manos!

8. Diminuendo

Clasificación: Encantamiento

Interpretación: Reduce el tamaño del objeto.

Visto/Especificado: Usado en la quinta película por uno de los miembros del Ejército de Dumbledore, Nigel Wolpert, en el muñeco de entrenamiento.

Di: di-mi-NUH-en-DO

9. Dissendium

Clasificación: Encantamiento

Interpretación: Este hechizo abre pasadizos secretos.

Visto/Especificado: La Estatua de Gunhilda de Gorsemoor fue abierta por este hechizo en 1993. Cuatro años más tarde, se usó para abrir el Relicario de Salazar Slytherin, pero fue un intento fallido.

Di: dih-SEN-di-um

Notas: Puede que esto no sea un hechizo en sentido estricto, sino una contraseña; sin embargo, cuando lo usas en la estatua de una bruja jorobada, debes tocar la estatua con tu varita, lo que indica que, de hecho, es un hechizo.

10. Draconifors (Hechizo Draconifors)

Clasificación: Transformación

Interpretación: Un hechizo de transformación que puede revivir una figura de dragón o transformar algún objeto pequeño en un dragón.

Efecto: Los dragones producidos por este hechizo son mucho más pequeños y menos poderosos que los dragones reales, y su tamaño depende del objeto del que fueron transformados.

Dato interesante: Hay un libro de hechizos Draconifors. Un libro que contiene información detallada e instrucciones para usar el hechizo Draconifors.

Di: drah-KOH-nih-fors

11. Ducklifors (Maleficio Ducklifors)

Clasificación: Transformación, Maleficio

Interpretación: Este hechizo convierte al objetivo en un pato.

Di: DUCK-lih-fors

12. Duro (Encantamiento Endurecedor)

Clasificación: Encantamiento

Interpretación: Este encantamiento convierte al objetivo en una piedra.

Visto/Especificado: Hermione Granger usó este hechizo en 1998 mientras se alejaba de los Mortífagos en la Batalla de Hogwarts.

Di: DU-roh

E

1. Ebublio (Maleficio Ebublio)

Clasificación: Maleficio

Interpretación: Embrujo que encierra al mago o cualquier otro objetivo en una burbuja muy grande, similar a una pompa de jabón, pero que no puede ser destruida por la fuerza física.

Di: ee-BUB-lee-oh

2. Engorgio (Encantamiento de Agrandamiento)

Clasificación: Encantamiento

Interpretación: Ampliación de un objeto o de cualquier ser vivo. Cuanto más centrado esté el mago, mayor será el tamaño que podrá alcanzar el elemento que desea ampliar.

Visto/Especificado: Hermione asumió que Hagrid estaba usando estos encantamientos para aumentar el tamaño de las calabazas. 😊

Ron pensó que Hagrid era tan grande porque accidentalmente se había lanzado este hechizo a sí mismo cuando era niño.

El falso Ojo Loco usó este hechizo para agrandar la araña sobre la cual demostró las Maldiciones Imperdonables.

Harry uso Engorgio para probar su nueva varita. Y de nuevo, sobre la araña, olvidando que estaba junto a Ron, que no soportaba las arañas.

Dato interesante: El hechizo se usó de manera un poco diferente en la película Harry Potter y las Reliquias de la Muerte: Parte 1. Harry Potter pronunció a Engorgio sobre un fuego en un frasco para probar su nueva varita, provocando una alta columna de fuego.

Di: en-GOR-gi-oh

> **Dato curioso:** Ahora puedes usar un hechizo para tu ropa favorita que ya te queda chica pero aún quieres usar.

3. Engorgio Skullus

Clasificación: Embrujo

Interpretación: Este maleficio provoca la inflamación del cráneo de la víctima. Este embrujo tiene un contra embrujo, que es Redactum Skullus. El contra embrujo provoca una disminución de la hinchazón.

Di: en-GOR-gi-oh SKUH-lus

4. Entomorphis (Maleficio Insecto)

Clasificación: Maleficio, Transformación

Interpretación: Un hechizo que convierte un objeto vivo en una criatura parecida a un insecto cubierta de tentáculos durante un corto período de tiempo.

Visto/Especificado: El 2 de agosto de 1995, Harry Potter luchó contra la tentación de lanzar este hechizo sobre Dudley por acosarlo sobre las pesadillas que tuvo después de la muerte de Cedric Diggory, pero la llegada de dos dementores se lo impidió. Como resultado, tuvo que salvarse a sí mismo y a Dudley conjurando un Patronus.

Di: en-TO-mor-fis

5. Episkey

Clasificación: Hechizo de curación

Interpretación: La fórmula verbal de un hechizo que repara huesos rotos y detiene el sangrado.

Visto/Especificado: Fue utilizado en 1994 después de la primera prueba del Torneo de los Tres Magos. En 1996, Nymphadora Tonks usó un hechizo para curar la nariz rota de Harry. En el mismo año, Harry usó este hechizo para detener la sangre del labio partido de Demelza Robins cuando Ron le dio un puñetazo en la cara durante el entrenamiento.

Di: eh-PIS-ki

> **Dato curioso:** Este hechizo es probablemente más relevante para los entusiastas de las actividades al aire libre. Ayudará a deshacerse de esos cortes, moretones y otras lesiones menores que pueden arruinar un momento divertido.

6. Epoximise

Clasificación: Transformación

Interpretación: Este hechizo se usa para fijar o pegar dos objetos entre sí.

Visto/Especificado: Los estudiantes a menudo usaban este hechizo en broma para pegarse las manos o las pertenencias en la escuela.

Di: I-POX-i-mais

7. Erecto

Clasificación: Encantamiento

Interpretación: Este hechizo se usa para erigir tiendas de campaña u otras estructuras que tienen una posición vertical.

Visto/Especificado: En el séptimo libro, Hermione Granger instala instantáneamente la tienda con este hechizo. Aparentemente recordó cuánto tiempo le llevo hacerlo a mano anteriormente durante la Copa Mundial de Quidditch. Por razones de mantener la magia en secreto, el Sr. Weasley quería armar la carpa sin magia, como verdaderos muggles. Y, llevando un objeto como ese en un viaje de campamento, Hermione aseguró de aprender el hechizo adecuado de antemano.

Di: eh-RECK-toh

> **Dato curioso:** Donde un muggle torpe necesitará una hora completa para realizar una tarea tediosa, ¡un mago erudito se las arreglará en unos segundos!

8. Evanesce

Clasificación: Transformación

Interpretación: Este hechizo se usa para hacer desaparecer al objetivo.

Di: ev-an-ES-ki

Notas: Este y el Evanesco son casi con certeza el mismo hechizo.

9. Evanesco (Hechizo Desvanecedor)

Clasificación: Transformación

Interpretación: Este hechizo hace que el objetivo desaparezca de forma permanente.

Visto/Especificado: William Weasley usó este hechizo para hacer desaparecer un montón de pergaminos viejos mientras limpiaba el número 12 de Grimmauld Place en 1995.

El hechizo Evanesco se estudia en Transformación.

Severus Snape destruyó una poción que Harry había preparado incorrectamente en clase con este hechizo.

« Uno de los hechizos más difíciles de las MHB. » – Minerva McGonagall

Di: ev-an-ES-koh

> **Dato curioso:** Qué hechizo tan útil. Imagínate, apuntas a un basurero en el Océano Pacífico con una varita y listo, todo desaparece. Lo principal es no meterse en el océano en sí, de lo contrario, habrá problemas.

10. Everte Statum

Clasificación: Hechizo

Interpretación: Un hechizo que empuja al oponente, haciéndolo caer dando saltos mortales en el aire.

Visto/Especificado: Este hechizo fue usado por Draco Malfoy en Harry Potter en 1992 durante el Club de Duelo.

Di: ee-VER-te STAH-tum

11. Expecto Patronum

Lupin es un experto en este hechizo

Clasificación: Encantamiento

Interpretación: Uno de los hechizos más difíciles que Harry ha aprendido. Convoca a un Patronus, un protector mágico que ahuyenta a las criaturas oscuras.

Los Patronus son animales plateados, parecidos a una neblina, en cierto modo conectados con el carácter y el pasado de su dueño.

Llamar a un Patronus es bastante problemático y depende no tanto del hechizo sino del estado de ánimo psicológico especial del hechicero, que necesita sentir una oleada de verdadera felicidad. Por definición, no a todos les sale.

Visto/Especificado: Remus Lupin le enseñó a Harry Potter este encantamiento durante sus lecciones para defenderse de los Dementores. Harry enseñó este hechizo al ejército de Dumbledore. Harry usó este hechizo en las MHB para obtener puntos extra.

Aplicación inusual: Albus Dumbledore inventó un método y enseñó a otros miembros de la Orden del Fénix a transmitir mensajes cortos usando sus Patronus. Al mismo tiempo, el Patronus habla con la voz de quien lo invocó.

Fue Lupin quien le enseñó a Harry cómo usar este hechizo a la perfección.

Di: ecks-PECK-toh pah-TRO-num

12. Expelliarmus

El hechizo favorito de Harry

Clasificación: Encantamiento

Interpretación: Un hechizo protector que hace que un objeto sostenido en las manos del oponente (la mayoría de las veces una varita mágica) salga volando. Si el hechizo golpea a una persona, produce un poderoso efecto de empuje.

Visto/Especificado: Severus Snape usó este hechizo en Gilderoy Lockhart durante una demostración de duelo en vivo entre la primera y la última reunión del Club de Duelo en 1992.

Historia del origen: Miranda Goshawk consideró a Expelliarmus Elizabeth Smudgeling, una joven hechicera que vivió en Inglaterra en el siglo XIV, como la inventora. En 1379, participó en una competencia internacional de duelo celebrada en Dartmoor. La chica llegó a la final, donde enfrentó a un cruel y fuerte oponente, muchos incluso la disuadieron de participar. Elizabeth no estuvo de acuerdo, e incluso antes de que el mago lanzara su hechizo, usó Expelliarmus. Así, la chica fue nombrada Mejor Duelista, y desde entonces el hechizo Expelliarmus se ha convertido en un elemento imprescindible en cualquier duelo mágico.

Datos interesantes: Harry usa este hechizo más que cualquier otro personaje en los libros. Se puede decir que combina con el personaje de Harry, para quien cada vida es valiosa; no quiere matar ni mutilar a nadie; solo necesita desarmar a su enemigo. Características, esto sucedió incluso durante la pelea final entre Potter y el Señor de las Tinieblas.

Ocurrieron excepciones, pero rara vez. Harry usó la maldición Cruciatus en un ataque de ira durante la Batalla en el Ministerio de Magia en la persecución de Bellatrix Lestrange, quien había matado a su padrino, pero su efecto fue muy débil. Durante la persecución de Snape, después de que este matara a Dumbledore, Potter intenta usar una serie de hechizos oscuros que también fallan.

En el momento de la Operación de los Siete Potter, ya había una opinión entre los Mortífagos de que Expelliarmus era el hechizo "característico" de Harry Potter.

Di: ex-PELL-i-AR-mus

13. Expulso (Maldición de Expulsión)

Clasificación: Maldición

Interpretación: Una poderosa maldición que provoca una explosión acompañada de una luz azul. Similar en efecto a Desmaius pero más fuerte, más peligroso y más difícil de usar. Además, el hechizo puede mandar a volar a una persona, dejando heridas por la explosión.

Visto/Especificado: Antonin Dolohov usó esta maldición durante una pelea en una cafetería en 1997.

Di: ecks-PUHL-soh

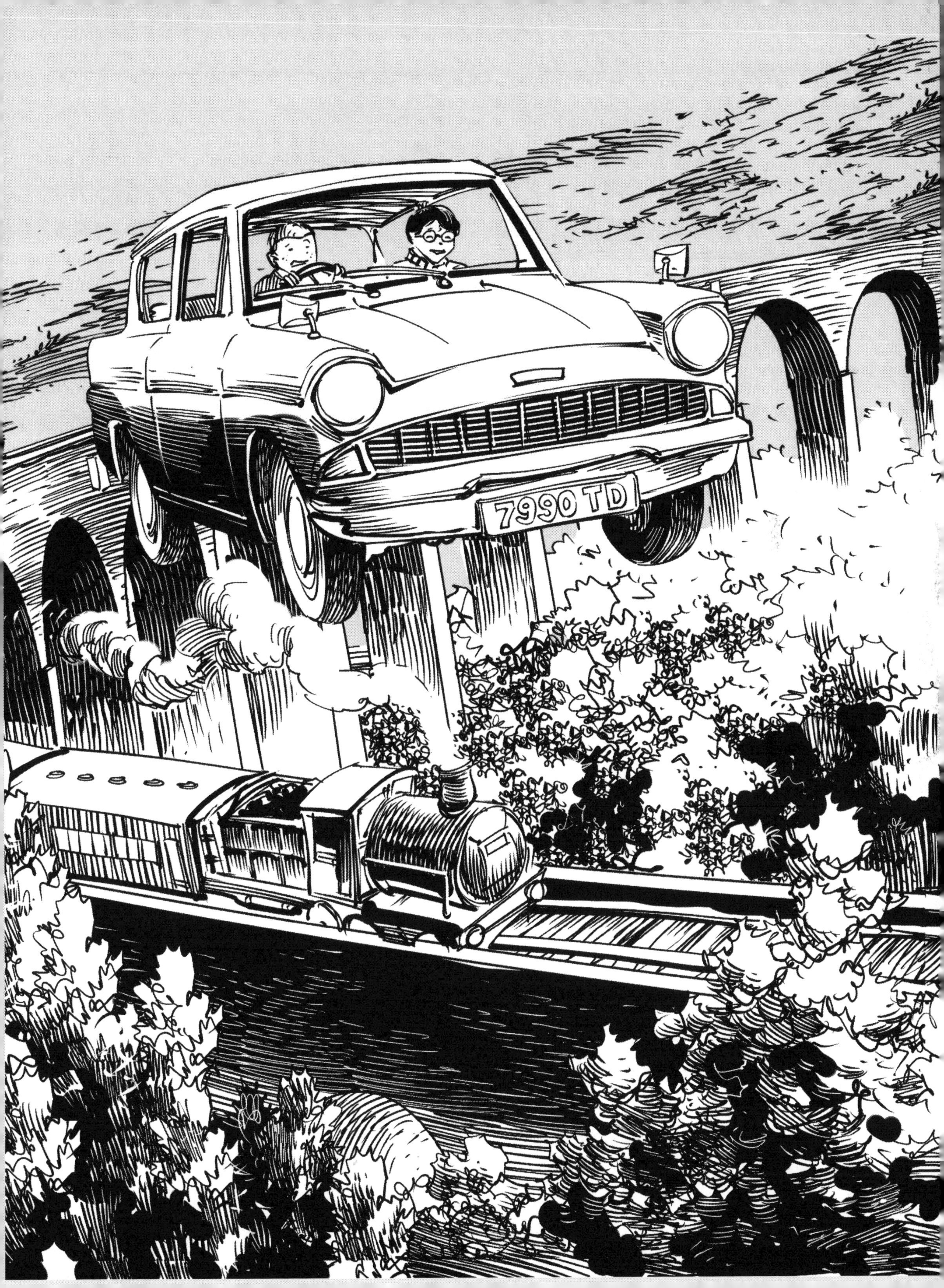
7990 TD

F

1. Falsa Memoria

Hermione es experta en este hechizo

Clasificación: Encantamiento

Interpretación: Un hechizo utilizado por un mago para implantar recuerdos falsos en la memoria de la víctima. A diferencia del hechizo Obliviate, que borra la memoria, el hechizo de memoria falsa agrega recuerdos, aunque completamente falsos.

Visto/Especificado: El joven Tom Riddle usó el hechizo de memoria falsa dos veces: en 1943, con su tío Morfin Gaunt, y unos años más tarde, con la elfa doméstica Hokey. En ambas ocasiones, lo hizo para encubrir sus propios crímenes y hacer creer a sus víctimas que eran culpables.

En 1996, Voldemort pudo haber usado este hechizo para sugerir a través de su conexión mental y la de Harry que su padrino, Sirius Black, estaba siendo torturado por el Señor de las Tinieblas en el Departamento de Misterios del Ministerio de Magia.

Hermione Granger usó un hechizo de memoria falsa en 1997 para sugerir a sus propios padres que sus nombres eran Wendell y Monica Wilkins, que nunca habían tenido una hija y que querían ir a Australia. Hermione hizo todo esto para proteger a su madre y a su padre de ser perseguidos por Voldemort y los mortífagos.

Datos interesantes: Lo más probable es que el efecto de estos encantamientos sea reversible, y Hermione hizo regresar a sus padres de Australia después del final de la Segunda Guerra Mágica y restauró su memoria.

En la película Harry Potter y las Reliquias de la Muerte: Parte 1, Hermione no aplica un hechizo de memoria falsa a sus padres, sino que simplemente borra su memoria con el hechizo Obliviate y se borra a sí misma de todas las fotos familiares al mismo tiempo...

2. Ferula (Hechizo de Vendaje)

Clasificación: Conjuro, Hechizo curativo

Interpretación: Este hechizo fija vendas alrededor de las heridas del objetivo.

Visto/Especificado: En 1994, Remus Lupin usó este hechizo para vendar la pierna rota de Ronald Weasley.

Di: fer-UL-ah

> **Dato curioso:** Es posible evitar la sala de emergencias la próxima vez que cometas una torpeza.

3. Fianto Duri

Clasificación: Encantamiento

Interpretación: Este es un hechizo que hace que la defensa mágica sea más fuerte y duradera cuando se combina con un hechizo de protección, como Protego Maxima.

Visto/Especificado: Este hechizo se usó para proteger una escuela en 1998.

Di: fi-AN-toh DU-ri

4. Fidelio

Clasificación: Encantamiento

Interpretación: Un encantamiento especial que oculta la ubicación de un lugar de todas las personas no deseadas. El misterio de un hechizo de Confianza está sellado en el corazón de un Guardián del Secreto, y no hay forma de extraerlo. El Guardián del Secreto solo puede revelar la ubicación de un objeto voluntariamente. Fidelio se usa generalmente en casas. Solo el traído por el Guardián del Secreto puede entrar en una casa. El Guardián del Secreto debe dar la dirección exacta o la dirección debe estar escrita a mano por el Guardián. Si el Guardián original muere, todos aquellos que conocen la verdad del Secreto de este hechizo Fidelio se convierten en sus Guardianes.

Visto/Especificado: En 1980 (probablemente), este hechizo se colocó en la casa donde vivían James Potter y Lily Potter. El Guardián era inicialmente Sirius Black, pero luego se decidió transferir estos poderes a Peter Pettigrew. Sin embargo, esto fue un error porque Peter los traicionó al Señor de las Tinieblas.

La casa en el número 12 de Grimmauld Place fue objeto de este hechizo. El Guardián del Secreto era Albus Dumbledore.

Datos interesantes: Las lechuzas postales vuelan a las casas ocultas por el hechizo Fidelio libremente.

El hechizo Fidelio no está exento de fallas. Si el Guardián quiere, tiene derecho a revelar información en cualquier momento, aunque el secreto no puede ser revelado por la fuerza, con la ayuda de un hechizo, Veritaserum, o bajo tortura.

5. Finestra (Hechizo Finestra)

Clasificación: Encantamiento

Interpretación: Rompe el cristal en pedazos.

Visto/Especificado: El 6 de diciembre de 1926, Newt Scamander rompió el escaparate de la joyería Voclain & Co. utilizando este hechizo. Estaba tratando de recuperar su escarbato.

Di: fi-NESS-tra

6. Finite Incantatem (Contra Hechizo General)

Clasificación: Contra hechizo

Interpretación: Este hechizo mantiene al mago a salvo de los hechizos del entorno.

Visto/Especificado: Usado por Severus Snape para restaurar el orden en el Club de Duelo en 1992 mientras había caos en el evento.

Di: fi-NI-te in-can-TA-tem

7. Firestorm (Tormenta de Fuego)

Dumbledore es un experto en este hechizo

Clasificación: Encantamiento

Interpretación: Un hechizo que provoca una poderosa tormenta de fuego. El mago dirige el fuego con una varita mágica (la llama se dirigirá hacia donde vaya la mano del mago, creando un efecto de lazo).

Visto/Especificado: En junio de 1997, Albus Dumbledore y Harry Potter entraron en la cueva tratando de encontrar uno de los horrocruxes de Voldemort. Cuando los Inferi que custodiaban el horrocrux los atacaron, Dumbledore usó este hechizo para arrojarlos al agua y proteger a Harry y a él mismo.

Dato interesante: Echa un vistazo a mi segundo libro, Datos Mágicos de Harry Potter, para aprender más sobre los siniestros Inferius, métodos para destruir los Horrocruxes, detalles interesantes sobre las pociones y muchos otros asombrosos datos.

Dato curioso: Para encender una chimenea, es mejor usar un hechizo Incendio, que es más suave; de lo contrario, usando la Tormenta de Fuego, puedes quemar la chimenea junto con la casa.

8. Flagrate

Clasificación: Encantamiento

Interpretación: Este encantamiento se usa para escribir en el aire.

Visto/Especificado: Tom Riddle lo usó para escribir su nombre. Usado por Hermione Granger tres años después para marcar algunas puertas.

Tom Marvolo Riddle → I Am Lord Voldemort (eng)

Tom Sorvolo Riddle → Soy Lord Voldemort

Di: fla-GRA-te

9. Flipendo (Maleficio de Retroceso)

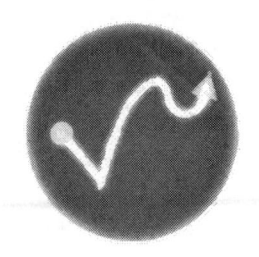

Clasificación: Maleficio

Interpretación: Un hechizo repelente que arroja a una persona o criatura. También es capaz de aturdir a algunas criaturas, como Gnomos y Duendecillos. Este hechizo también se usa para romper objetos frágiles y activar interruptores.

Visto/Especificado: Defensa Contra las Artes Oscuras enseñó este maleficio. Todos los videojuegos lo usaron a partir de entonces hasta el tercero.

Di: fli-PEN-do

10. Flipendo Duo (Maleficio de Retroceso Doble)

Clasificación: Maleficio

Interpretación: La versión poderosa de Flipendo.

Di: flih-PEN-do DU-o

11. Flipendo Tria

Clasificación: Maleficio

Interpretación: Flipendo Tria es una maldición que arroja al objetivo más lejos del mago que sus hechizos menos poderosos Flipendo y Flipendo Duo. Parece un pequeño tornado. Puedes golpear a varios oponentes con este hechizo.

Di: fli-PEN-do TRI-ah

12. Fuego Demoníaco

Magia oscura

Clasificación: Maldición

Interpretación: Una magia oscura muy poderosa. Inducido por un hechizo, este fuego tiene mente propia; persigue a su víctima con bastante determinación, quemando todo a su paso al mismo tiempo.

Visto/Especificado: En la película Harry Potter y las Reliquias de la Muerte: Parte 2, el Fuego Demoníaco en la Sala de los Menesteres no es utilizado por Crabbe sino por Gregory

Goyle. Como Crabbe en el libro, pierde el control del fuego y muere por su propio hechizo.

Datos interesantes: Detener a Fuego Demoníaco es extremadamente difícil. Por eso, Hermione Granger no se atreve a usarlo, aunque, según ella, es una de las pocas formas de destruir horrocruxes.

« ¿Tenías frío, desgraciado? » – Crabbe habiendo invocado el Fuego Demoníaco

13. Fumos (Hechizo de Cortina de Humo)

Clasificación: Encantamiento

Interpretación: Este hechizo crea una nube de niebla tan densa que apenas se ve al mago.

Visto/Especificado: Durante el año escolar 1988-1989, el profesor Rakepick enseñó este hechizo a estudiantes de quinto grado en una clase de Defensa Contra las Artes Oscuras.

Este hechizo está cubierto en Las Fuerzas Oscuras: Una Guía para la Autoprotección.

Di: FU-mos

14. Furnunculus (Maleficio de Granos)

Clasificación: Maleficio

Interpretación: Maleficio que provoca terribles furúnculos en el cuerpo de tu oponente. Los efectos del hechizo se curan con la poción Cura para Forúnculos.

Visto/Especificado: En 1994, Harry Potter usó el hechizo Furnunculus, arrojándoselo a Malfoy, pero golpeó a Goyle, cuya nariz quedó cubierta de feos forúnculos.

Di: fur-NUN-cu-lus

> **Dato curioso:** Si alguien usó repentinamente el hechizo Furnunculus contra ti, ¡usa Finite Incantatem!

G

1. Geminio

De guardia en el Banco Gringotts

Clasificación: Encantamiento

Interpretación: Este encantamiento crea una copia de aquello a lo que apuntó la varita mágica del hechicero.

Visto/Especificado: Con este hechizo, Hermione Granger creó un duplicado del relicario robado a Dolores Umbridge. Esto le permitió engañarla por un tiempo.

Los duendes de Gringotts Bank utilizan el mismo hechizo, o más bien una variante del mismo, para proteger cosas, especialmente bóvedas valiosas. Cuando el objeto es tocado por alguien que no es su dueño, crea copias de sí mismo, que no tienen ningún valor. Después de un tiempo, estas copias simplemente desaparecerán.

Historia de origen: Las hermanas gemelas Hyslop inventaron y usaron activamente este hechizo. Habían vivido juntas toda su vida e inventaron este hechizo, al parecer, para no tener que compartir cosas. Después de su muerte, los familiares encontraron la hoja de instrucciones y una copia exacta de la misma en dos escritorios idénticos en su casa. Miranda Goshawk señala que, si se multiplica, la copia nunca sería igual al original; fallaría rápidamente. La peculiaridad del hechizo es que solo quien lanza el hechizo puede detener la multiplicación. De lo contrario, los elementos se multiplicarán durante mucho tiempo hasta que las copias comiencen a desaparecer.

Di: ge-MI-ni-oh

2. Glacius (Hechizo de Congelación)

Clasificación: Encantamiento

Interpretación: Este hechizo cubre al objetivo con aire frío y lo congela.

Visto/Especificado: Este encantamiento se ha utilizado en los videojuegos, a partir de Harry Potter y el Prisionero de Azkaban (videojuego).

Di: GLA-ci-us

> **Dato curioso:** ¿Se ha derretido el helado? No importa, usa este hechizo. 💡

3. Glisseo

Clasificación: Encantamiento

Interpretación: Cambia los escalones de una escalera para que se conviertan en un tobogán plano.

Visto/Especificado: Hermione Granger usó este hechizo para escapar de los Mortífagos.

Di: GLISS-ee-oh

> **Dato curioso:** Qué genial es poder bajar rápidamente y con una brisa de forma segura de las escaleras. Aunque la información de seguridad no es precisa 😁

H

1. Harmonia Nectere Passus

Clasificación: Encantamiento

Interpretación: Harmonia Nectere Passus es el hechizo que se utilizó para reparar uno de los Armarios Evanescentes y hacer que funcione mejor. Requería algo más que lanzar el hechizo frente al armario dañado, como lo demostró Draco Malfoy, quien tardó un año en repararlo.

Visto/Especificado: Draco Malfoy usó este hechizo para reparar un armario en 1996.

Di: har-MOH-ni-a NECK-te-re PASS-us

2. Herbifors

Clasificación: Transformación

Interpretación: Del cuerpo de la víctima comienzan a brotar flores.

3. Herbivicus (Encantamiento Herbivicus)

Clasificación: Encantamiento

Interpretación: Aumenta el crecimiento de las plantas.

Visto/Especificado: Fue visto en el año escolar 1994–1995.

Di: her-BIV-i-cuss

4. Hermione's Jinx (El Maleficio de Hermione Granger)

Clasificación: Maleficio

Interpretación: El efecto del hechizo era que a la persona que rompía cierto juramento le salían granos en la cara que formaban la palabra DELATOR/DELATORA. Ningún hechizo u otro remedio podría eliminar este espanto, al menos no del todo.

Visto/Especificado: Cuando Marietta Edgecombe, una amiga de Cho Chang, reveló la información de Dolores Umbridge sobre la reunión del E.D., experimentó la maldición. Se le formaron forúnculos tan feos en la cara a lo largo de las mejillas y la nariz que no mostró la cara durante casi un año, y cuando Umbridge afirmó que no tenía poder para eliminar la maldición, Harry sintió una oleada de orgullo por las habilidades de Hermione. Cho Chang consideró el maleficio de Hermione como un "truco terrible", argumentando que Hermione debería haber advertido a todos sobre las consecuencias, pero Harry respondió que pensaba que era una "idea brillante". Esta pelea fue la razón del final de su relación.

5. Homenum Revelio

Clasificación: Encantamiento

Interpretación: Un hechizo que te permite detectar la presencia de otra persona en la habitación. Incluso si esa persona está oculta bajo una capa de invisibilidad, un encantamiento de desilusión o con cualquier otro método, aún así será detectada.

Visto/Especificado: Este fue el hechizo que Dumbledore usó de forma no verbal cuando vio a los tres amigos bajo el manto de invisibilidad.

Esta era la forma en que Hermione comprobó si había alguien en la casa de Grimmauld Place.

Di: HOM-eh-num reh-VEH-li-oh

6. Homonculous

Clasificación: Encantamiento

Interpretación: Encantamientos que fueron impuestos en el Mapa del Merodeador y te permitían monitorear los movimientos de todos los que estaban en el castillo. El mapa mostraba animales, fantasmas, poltergeists e incluso aquellos que usaban poción multijugos o capa de invisibilidad, así como personas escondidas en forma de animago.

7. Hot Air Charm (Encantamiento de Aire Caliente)

Clasificación: Encantamiento

Interpretación: Encantamientos que provocan un flujo de aire caliente. Lo más probable es que se use en el hogar para secar la ropa mojada.

Visto/Especificado: Hermione Granger usó estos hechizos para derretir la nieve y secar su ropa cubierta de nieve.

El profesor Flitwick pudo haber usado estos encantamientos cuando, durante las lecciones, Seamus Finnigan creó un chorro que golpeó el techo como un cañón de agua y lo roció. Luego, Flitwick se secó con un movimiento de su propia varita e hizo que Seamus escribiera varias veces: "Soy un mago, no un babuino blandiendo un palo".

Es muy probable que este sea el hechizo que Albus Dumbledore usó para secar la ropa mojada de Harry Potter en la cueva del relicario de Slytherin.

I

1. Ilegibilus

Clasificación: Encantamiento

Interpretación: Hace que la escritura sea ilegible.

Di: i-LEJ-i-bil-us

2. Immobulus (Hechizo Congelador)

Clasificación: Encantamiento

Interpretación: Encantamiento que paraliza un objeto. Según Horace Slughorn, este hechizo puede desactivar las alarmas muggles. El hechizo se estudia en el segundo año de Hogwarts.

Visto/Especificado: En Harry Potter y la Cámara Secreta, Hermione Granger congela los Duendecillos liberados por Gilderoy Lockhart y no retenidos por su Hechizo Peskipiksi Pesternomi.

En la película Harry Potter y el Prisionero de Azkaban, vemos a Remus Lupin usando el hechizo Immobulus en el Sauce Boxeador para inmovilizarlo.

En la película Harry Potter y el Cáliz de Fuego, Harry Potter usa este hechizo de forma no verbal para deshacerse de los Grindylows del lago durante la segunda prueba del Torneo de los Tres Magos.

Di: ih-MOH-biu-luhs

3. Impedimenta (Maleficio de Impedimento)

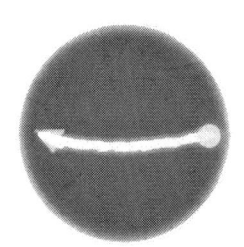

Clasificación: Maleficio

Interpretación: Maleficio que derriba a la víctima y ralentiza o detiene por completo al objetivo durante un breve periodo de tiempo.

Visto/Especificado: Este hechizo muy popular ha sido utilizado por muchos magos.

El 25 de junio de 1995, Harry lanzó con éxito este hechizo en el Laberinto contra una Acromántula y un enorme Escreguto de Cola Explosiva.

En el año escolar 1995-1996, Rolanda Hooch usó un hechizo para interrumpir una pelea entre Harry y Draco después de un partido de Quidditch.

En el Pensadero, Harry vio a su padre acosar a Severus Snape, utilizando el hechizo Impedimenta.

Dato interesante: Este hechizo generalmente solo inmoviliza o ralentiza al objetivo, pero también se puede usar para empujar e inmovilizar a un atacante y también puede levantar un objeto.

Di: im-ped-ih-MEN-tah

> **Dato curioso:** Ahora puedes disfrutar del efecto de cámara lenta sin cámaras.

4. Imperio — Maldiciones Imperdonables

Clasificación: Maldición

Interpretación: Una de las tres Maldiciones Imperdonables, su aplicación a una persona se castiga con prisión en Azkaban. Somete por completo a una persona a la voluntad del mago que lanza este hechizo.

Los duendes tampoco pueden resistir el hechizo Imperio (no se informa nada sobre otras especies mágicas). Además, casi ningún animal es inmune al hechizo, excepto aquellos con protección natural, como los dragones y posiblemente los fénix.

Mientras esté bajo la influencia de este hechizo, la persona seguirá las órdenes del mago que lanzó el hechizo Imperio sin pensar. La persona hechizada conserva todos sus hábitos, escritura, forma de caminar, etc. Es muy difícil determinar que una persona está actuando en contra de su voluntad; para ello, debe hacer algo completamente fuera de lugar, y solo aquellos que lo conocen bien pueden determinar esto.

Visto/Especificado: Usado en muchas ocasiones. En 1994, el hechizo se usó cuando Barty Crouch Jr, haciéndose pasar por ex-Auror Alastor Moody, lo usó en una araña.

Harry usó este hechizo en un Duende.

Datos interesantes: A través de los intentos de Barty Crouch Jr de lanzar el hechizo Imperio sobre Potter, aprendemos lo que se siente estar bajo los efectos de este hechizo. Una dicha sin pensamientos, una ligereza, una alegría de que todas las preguntas se hayan desvanecido por sí solas... Y más tarde, cuando Harry lanza el hechizo él mismo en el séptimo libro, reconocemos las sensaciones de la persona que usa el hechizo: una ola cálida que corre el brazo y parece fluir hacia su varita.

Es posible resistir este hechizo. Para hacerlo, la persona a la que intentan controlar debe tener una personalidad fuerte y una voluntad igualmente fuerte. Pero el verdadero Alastor Moody no pudo resistir el hechizo Imperio que le lanzó Barty Crouch Jr. Sin embargo, conocemos tres casos de este tipo: Barty Crouch, su hijo Barty Crouch Jr. y Harry Potter. Lo que es notable es que, si bien a Crouch le tomó bastante tiempo deshacerse del maleficio Imperius, Harry se negó a obedecer casi de inmediato.

Un maleficio Imperius inadecuado o mal lanzado puede causar confusión mental.

Di: im-PER-i-oh

Dato curioso: Una palabra y una persona que no sonría te mirará con una mirada llena de felicidad y encanto. Después de algunos hechizos de Imperio, tus bromas malas, o no del todo buenas, en compañía, valdrán su peso en oro, y obtendrás el título del alma de la fiesta.

Podrás divertir a las personas que te rodean enseñando inteligentemente a tus amigos a posar como una ardilla, hacer un salto triple y cantar canciones divertidas al mismo tiempo y, si de repente, a alguien no le gusta el chiste, no importa; Imperio te ayudará a resolver el problema con cualquier sentido del humor 😊

5. Impervius (Encantamiento Impervius)

Clasificación: Encantamiento

Interpretación: El objetivo comienza a repeler la niebla y el agua.

Visto/Especificado: Hermione Granger usó este hechizo en 1993 en las gafas de Harry durante un partido de Quidditch. Este hechizo fue utilizado en 1997, primero por Ron para proteger objetos en la oficina de Yaxley de la lluvia, y luego por Hermione para defender a Harry, Ron y Griphook del tesoro abrasador en la bóveda de los Lestrange.

« ¡Aquí tienes! ¡Repelerán el agua! » — Hermione Granger después de encantar las gafas de Harry Potter durante una tormenta eléctrica

Di: im-PER-vi-us

Dato curioso: Los magos no temen a la aguanieve. ¡Con este hechizo, puedes correr con seguridad a través de los charcos!

6. Incarcerous (Hechizo Incarcerous)

Clasificación: Conjuro

Interpretación: De la varita emergen cuerdas que enredan fuertemente a la víctima.

Visto/Especificado: Remus Lupin ató a Peter Pettigrew en la Casa de los Gritos con un hechizo cuando descubrió que había traicionado a los Potter.

Dolores Umbridge ató a uno de los centauros en el Bosque Prohibido, lo que enfureció a la manada.

Di: in-KAR-ser-us

7. Incendio (Hechizo para Hacer Fuego)

Clasificación: Encantamiento, Conjuro

Interpretación: Este hechizo da como resultado la producción de fuego.

Visto/Especificado: Arthur Weasley lo usó en 1997 para crear un fuego en el hogar de los Dursley para usar allí los polvos Flú.

En 1997, este hechizo se usó muchas veces en las peleas, sobre todo cuando se incendió la cabaña de Hagrid.

Es posible que este sea el hechizo que usó Albus Dumbledore cuando prendió fuego al armario para demostrarle sus habilidades a Tom Riddle.

El trio intentó usar este hechizo para destruir el relicario de Slytherin.

« Las llamas se elevaron inmediatamente en la chimenea, crepitando alegremente como si hubieran estado ardiendo durante horas. » – Arthur Weasley usa este hechizo en el hogar de los Dursley

Di: in-SEN-di-oh

8. Incendio Duo

Clasificación: Encantamiento

Interpretación: Una versión más potente de Incendio.

Di: in-SEN-di-oh DU-oh

9. Inflatus

Clasificación: Maleficio

Interpretación: Una maldición que hace que los objetos se inflen.

Visto/Especificado: Puede que Harry haya lanzado este hechizo sobre la tía Marge, de forma espontánea y no verbal.

Quizás en la obra, Albus Potter y Scorpius Malfoy aplicaron Inflatus a Cedric Diggory durante la segunda prueba del Torneo de los Tres Magos.

Di: in-FLA-tus

L

1. Lacarnum Inflamari

Clasificación: Encantamiento

Interpretación: Una fórmula de hechizo verbal para prender fuego a túnicas y otras prendas de vestir.

Visto/Especificado: En la primera película, Hermione Granger usó este hechizo durante un partido de Quidditch cuando decidió neutralizar a Severus Snape (quien, pensó, estaba tratando de tirar a Harry Potter de su escoba) quemando su túnica.

Di: la-KAR-num in-flah-MAR-i

2. Langlock

Clasificación: Maleficio

Interpretación: Un maleficio que hace que la lengua se pegue al paladar. Muy complicado, pero bueno para los duelos. Si funciona con tu oponente, este no podrá lanzar hechizos por un tiempo. Este hechizo fue inventado a mediados de los setenta por Severus Snape.

Visto/Especificado: En el año académico 1996-1997, Harry Potter aprendió este hechizo con el libro Elaboración Avanzada de Pociones gracias a las notas del Príncipe Mestizo y lo probó primero con Filch, el celador (dos veces) y luego con Peeves. Por lo tanto, Langlock funciona en poltergeists. Quizás con este hechizo (no verbal), Voldemort silenció a Charity Burbage suspendida en el aire durante una reunión en la Mansión Malfoy.

Di: LANG-lock

3. Legilimens

Voldemort es un experto en este hechizo

Clasificación: Encantamiento

Interpretación: Un hechizo que te permite leer las imágenes que aparecen en el cerebro de tu interlocutor. Es la base de la Legeremancia. Puedes bloquear este hechizo con habilidades de Oclumancia. Además, si reflejas el hechizo con Protego, puedes ver los pensamientos de quien lanza Legilimens.

Visto/Especificado: Severus Snape lo usó con Harry después de que soñó que Nagini atacaba a Arthur Weasley en 1995. Las lecciones de Oclumancia en 1996 también estuvieron acompañadas del uso de este hechizo. Snape también lo usó de forma no verbal con Harry en 1997 para saber dónde Harry había aprendido el hechizo Sectumsempra.

Di: Le-JIL-ih-mens

> **Dato curioso:** Imagínalos sosteniendo el regalo con el que soñaron en sus manos tras haber leído tan hábilmente las mentes, tanto de familiares como de amigos, y exclamarás con alegría: ¡Bingo!

4. Levicorpus

Clasificación: Maleficio

Interpretación: Maleficio que cuelga a una persona boca abajo por el tobillo. Se pronuncia de forma no verbal. Inventado por Severus Snape (bajo el seudónimo de Príncipe Mestizo).

Visto/Especificado: Lo más probable es que los Mortífagos aplicaran este hechizo a la familia Muggle, Roberts, después de la final de la Copa Mundial de Quidditch.

Harry Potter encontró el hechizo en el libro del Príncipe Mestizo e inmediatamente lo probó con Ron.

Durante un duelo con Malfoy en el baño, Harry lanzó este hechizo, pero Draco lo desvió.

Durante el Ataque a Hogwarts, Harry trató de hechizar a Snape, pero lo derrotó fácilmente.

Di: le-vi-COR-pus

5. Liberacorpus

Clasificación: Contra-Maleficio

Interpretación: Un contra hechizo para el Levicorpus. Inventado por Severus Snape. Este hechizo es especial porque Levicorpus solo puede ser detenido por quien lanza la maldición. Finite no funciona en este caso.

Visto/Especificado: Harry lo usó en 1996 para contrarrestar el Levicorpus que involuntariamente le había lanzado a Ron.

Di: LIB-er-ah-cor-pus

6. Locomotor (Encantamiento de Locomoción)

Clasificación: Encantamiento

Interpretación: Mueve objetos por el aire en cualquier dirección dada. Puedes agregar el nombre del objeto al principio de la fórmula para indicar claramente el objetivo.

Visto/Especificado: Nymphadora Tonks usó este hechizo para sacar el baúl de Harry de su habitación.

Filius Flitwick también lo usó para transportar el baúl de Sybill Trelawney después de que Dolores Umbridge la despidiera.

Di: loh-kuh-MOH-tor

> **Dato curioso:** No tienes que preocuparte por el equipaje pesado o las bolsas que deben traerse de la tienda.

7. Locomotor Mortis (Maldición Paralizadora de Piernas)

Clasificación: Maldición

Interpretación: Una maldición que hace que las piernas se unan.

Visto/Especificado: En 1992, Draco Malfoy lanzó este hechizo sobre Neville Longbottom, quien no pudo dejar de saltar con sus piernas pegajosas hasta que Hermione pronunció la fórmula que elimina el hechizo.

En 1992, antes del segundo partido de Quidditch, Hermione Granger y Ron Weasley practicaron este hechizo y estaban listos para usarlo contra Severus Snape, a quien consideraban culpable de hechizar la escoba de Harry durante el primer partido.

Di: LOH-koh-moh-tor MOR-tis

8. Locomotor Wibbly (Maldición de Piernas de Gelatina)

Clasificación: Maldición, Maleficio

Interpretación: Maleficio de pies temblorosos. Después de aplicar este hechizo, las piernas de la víctima no se pueden mover y deben ser arrastradas.

Visto/Especificado: En 1995, en preparación para la tercera prueba del Torneo de los Tres Magos, Hermione logró romper el escudo de Harry con la ayuda de la maldición de piernas de gelatina, y él cojeó sobre piernas temblorosas durante diez minutos mientras Hermione buscaba un contra hechizo en un libro enorme.

En 1995, George Weasley usó este hechizo en Crabbe.

Di: loh-koh-MOH-tor WIB-li

9. Lum ☀ s (Encantamiento para Encender Varitas Mágicas)

Clasificación: Encantamiento

Interpretación: Un encantamiento que enciende una luz al final de una varita. Esta luz es para alumbrar, nunca para calentar o encender. La fuente de luz es pequeña, del tamaño de una linterna de bolsillo. Los encantamientos de luz no requieren ningún gesto especial o rotación de la varita. Simplemente debe extenderse frente a ti. La luz de la varita se apaga con el hechizo Nox.

Visto/Especificado: Este hechizo se ha utilizado a lo largo de las películas/libros cuando se necesita luz en un lugar oscuro.

Di: LU-mos

> **Dato curioso:** ¡Imagínate cuánto más conveniente es usar estos encantamientos en lugar de la pantalla del teléfono cuando te encuentras en una habitación oscura!

10. Lumos Máxima

Interpretación: Un hechizo que puede iluminar habitaciones grandes. Crea una poderosa fuente de luz que no necesita un mantenimiento constante. Es una versión mejorada del hechizo básico Lumos.

Visto/Especificado: Según la película Harry Potter y el Prisionero de Azkaban, en 1993, Harry Potter practicaba este hechizo por la noche en su habitación de la casa de los Dursley.

En otra película, Harry Potter y el Misterio del Príncipe, en 1997, Albus Dumbledore y Harry usaron este hechizo para iluminar una cueva oscura donde se guardaba uno de los horrocruxes de Voldemort.

Di: LU-mos Ma-cks-ima

11. Lumos Solem (Hechizo Lumos Solem)

Clasificación: Encantamiento

Interpretación: Una de las formas más poderosas del hechizo Lumos. Este hechizo crea un rayo de sol de color amarillo brillante y blanco. El hechizo puede cegar a una persona brevemente.

Visto/Especificado: En la película Harry Potter y la Piedra Filosofal, Hermione Granger usa este hechizo para salvar a Ron Weasley del Lazo del Diablo, el cual trató de estrangularlo. En el libro, este capítulo se trata un poco diferente. Hermione usa un hechizo de fuego en lugar de un hechizo de luz.

« Lazo del Diablo, Lazo del Diablo. Es mortalmente divertido... ¡pero se enfadará bajo el sol! ¡Eso es! ¡El Lazo del Diablo odia la luz del sol! ¡Lumos Solem! »
— Hermione Granger sobre las debilidades del Lazo del Diablo

Di: LU-mos SO-lem

M

1. Melofors (Maleficio Melofors)

Clasificación: Maleficio

Interpretación: Un hechizo que crea una calabaza alrededor de la cabeza del oponente. A primera vista, puede parecer que la cabeza del oponente se ha convertido en una sola. 😊

Visto/Especificado: En 1995, después de la destitución de Albus Dumbledore del cargo de director, hubo rumores de que hechizó al Ministro Fudge cuando escapó de la escuela, y ahora yace en el Hospital St. Mungo con una calabaza en lugar de una cabeza. Por supuesto, eran solo rumores, aunque... 😏

2. Meteolomaleficio Recanto

Clasificación: Contra hechizo

Interpretación: Un contra hechizo que cancela la precipitación atmosférica conjurada previamente.

Visto/Especificado: En 1998, en el Ministerio de Magia, bajo el gobierno de Voldemort, comenzó a llover en algunos departamentos. Para detener tal fenómeno, Arthur Weasley aconsejó usar el hechizo Meteolomaleficio Recanto a Reginald Cattermole (en realidad, a su hijo, Ron Weasley, que estaba bajo la influencia de la poción multijugos en ese momento), mientras que Arthur señaló que le había servido a Bletchley en un caso similar.

« Sí, ha estado lloviendo en muchas oficinas últimamente. ¿Has probado el Meteolomaleficio Recanto? A Bletchley le funcionó. » – Arthur Weasley

Di: me-te-OH-loh-ma-le-fi-cio reh-CAN-to

3. Mimblewimble (Maldición de Lengua Atada)

Clasificación: Maldición

Interpretación: Un hechizo que evita que un oponente lance correctamente un hechizo porque ata la lengua de la víctima. Es muy útil contra una bruja o mago poderoso.

Visto/Especificado: El hechizo Mimblewimble fue instalado en el número 12 de Grimmauld Place por Alastor Moody para proteger la sede de la Orden del Fénix de personas no deseadas, especialmente de Severus Snape.

Di: MIM-bul-wim-bul

4. Mobiliarbus

Clasificación: Encantamiento

Interpretación: Un hechizo de fórmula verbal que hace que los objetos, en este caso, los objetos de madera, vuelen. Los objetos deben ser nombrados en latín.

Visto/Especificado: Hermione Granger usó el hechizo para mover un árbol de Navidad en Las Tres Escobas en 1993. Lo hizo para ocultar a Harry Potter, que estaba ilegalmente en Hogsmeade.

Di: mo-bil-li-AR-bus

5. Mobilicorpus

Clasificación: Encantamiento

Interpretación: El hechizo mueve el cuerpo humano en el espacio.

Visto/Especificado: En 1994, Remus Lupin usó este hechizo en Severus Snape, quien estaba aturdido por el hechizo, para transportarlo desde la Casa de los Gritos.

Lord Voldemort lo usó con Peter Pettigrew en el cementerio para que se presentara.

Di: moh-bil-li-COR-pus

6. Molliare (Encantamiento Amortiguador)

Clasificación: Encantamiento

Interpretación: Un hechizo que crea un efecto suavizante invisible en una superficie. Por lo general, este hechizo se usa en la fabricación de escobas para la comodidad en los partidos de Quidditch.

Se sugiere que la escoba esté diseñada de modo que el centro de este "cojín" esté al menos aproximadamente en el centro de gravedad del sistema de "escoba y asiento". En este caso, la maniobrabilidad y la estabilidad aumentan significativamente. No hay necesidad de agarrar la escoba con ambas manos hasta que los dedos se entumezcan.

Visto/Especificado: Hermione usó Molliare en el Banco Gringotts, después de que el carro que transportaba las cajas fuertes volcara.

Di: mol-i-AR-e

> **Dato curioso:** Para aquellos que literalmente se caen a cada paso, estos encantamientos suavizarán la caída y los protegerán del dolor inminente. ¡Muy útil!

7. Morsmordre

Hechizo de los Mortífagos

Interpretación: El hechizo que los Mortífagos usaban para convocar a la Marca Tenebrosa. El hechizo está clasificado como magia oscura. Por lo general, se lanza donde los Mortífagos han arrasado todo o donde han matado a alguien.

Visto/Especificado: Barty Crouch Jr usó este hechizo en 1994. Este hechizo también se vio en 1997 sobre el castillo para guiar a Albus Dumbledore hacia su muerte. Fue inventado por Lord Voldemort.

Dato interesante: Cuando era estudiante, el futuro maestro Gilderoy Lockhart inventó un hechizo similar que lanzaba al cielo una enorme imagen iluminada de su propio rostro. Sin embargo, no se sabe exactamente qué hechizo fue creado primero.

Di: morz-MOR-dre

8. Mucus ad Nauseam (La Maldición de Mocos)

Clasificación: Maldición

Interpretación: Este hechizo le da al objetivo mucha secreción nasal y frío. Esta condición puede resultar en el colapso de la víctima si no recibe tratamiento. Los estornudos constantes también son el resultado de este hechizo.

Visto/Especificado: El profesor Quirrell lo mencionó a su clase de primer año.

Di: MU-kus ad NAU-si-am

9. Muffliato (Encantamiento Muffliato)

Clasificación: Encantamiento

Interpretación: Encantamiento inventado por Severus Snape que provoca zumbidos en los oídos de los demás, lo que dificulta escuchar la conversación del mago y las personas que lo rodean.

Visto/Especificado: Al principio, Hermione Granger, quien trataba con mucha desconfianza todos los hechizos del Príncipe Mestizo, se negó a usar este hechizo. Sin embargo, más tarde incluyó el Muffliato en un conjunto de hechizos protectores que los chicos usaban para ocultar su paradero durante sus andanzas en busca de horrocruxes. "Las cosas cambian", comentó en respuesta al desconcierto de Harry.

Di: muf-li-AH-to

> **Dato curioso:** Es útil si, por ejemplo, estás discutiendo con amigos sobre un regalo para otro amigo, y este aparece de repente. ¡Lo principal es no despertar sospechas!

10. Multicorfors (Hechizo Multicorfors)

Clasificación: Transformación

Interpretación: Este encantamiento se usa para cambiar el color y el estilo de la ropa del mago.

Di: mul-ti-COR-fors

11. Mutatio Skullus

Clasificación: Embrujo

Interpretación: Este hechizo produce mutaciones y a la víctima le crecen cabezas adicionales.

Visto/Especificado: Los magos del Antiguo Egipto usaban este hechizo, como señaló Ron Weasley en 1993.

Di: mu-TA-tio SKULL-us

N

1. Nox (Encantamiento para Apagar Varitas)

Clasificación: Encantamiento

Interpretación: Un contra hechizo, que puede usarse para extinguir la luz del extremo de la varita que fue encendida por el hechizo Lumos. Se estudia en el primer año en el Colegio Hogwarts en las lecciones de Defensa contra las Artes Oscuras.

Visto/Especificado: Harry Potter y Hermione Granger usaron este hechizo en 1994 para colarse en la Casa de los Gritos sin ser vistos.

Harry Potter usó este hechizo en 1998 cuando ingresó a un pasaje secreto debajo del Sauce Boxeador, que lo llevó nuevamente a la Casa de los Gritos.

« Nox » en latín significa « noche », « ceguera », « cegador ».

Di: NOCKSS

2. Nebulus

Clasificación: Encantamiento

Interpretación: La fórmula verbal de un hechizo que provoca niebla desde la punta de una varita mágica.

Visto/Especificado: En 1927, Albus Dumbledore usó este hechizo para envolver Londres en niebla, asegurando así el secreto de su reunión con Newt Scamander.

La fórmula del hechizo proviene del latín « nebulosa », que significa « niebla », « nube », « vapor ».

Di: NEH-bu-lus

O

1. Oculus Reparo

Clasificación: Encantamiento

Interpretación: Este hechizo se usa para reparar gafas rotas.

Visto/Especificado: En Harry Potter y la Piedra Filosofal, Hermione Granger arregla las gafas de Harry Potter en el tren.

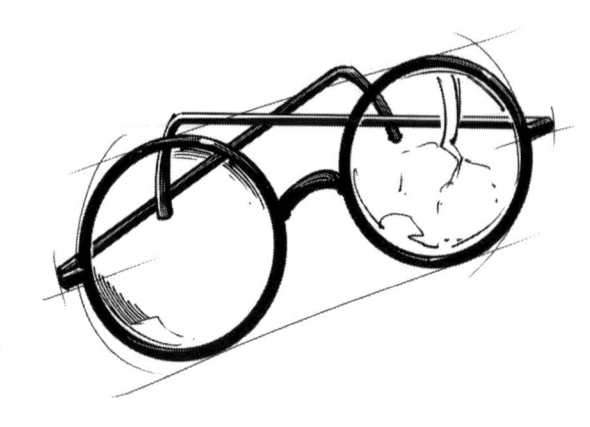

> **Dato curioso:** Me pregunto por qué los magos no solo tienen un hechizo para mejorar su vista.

2. Obliviate — *El Hechizo Favorito de Lockhart*

Clasificación: Encantamiento

Interpretación: Un hechizo de modificación de la memoria. Puede borrar la información recibida recientemente. Un efecto secundario es una mirada ligeramente aturdida y la incapacidad de navegar en una situación, espacio o tiempo. Sin embargo, en la mayoría de los casos, este efecto pasa pronto.

Probablemente haya algunos plazos para borrar la memoria, o algunas aclaraciones (olvidar un evento determinado, por ejemplo). Obliviate se usa con mayor frecuencia en relación con los muggles que han presenciado magia aleatoria (o no aleatoria). Este hechizo también es usado en magos por magos.

Visto/Especificado: El caso de Gilderoy Lockhart puede considerarse la consecuencia más grave de este hechizo. Quería borrar la memoria de Harry Potter, pero usó la varita rota de Ron Weasley para esto. El hechizo golpeó al propio atacante y fue tan fuerte que Gilderoy olvidó por completo quién era. Tuvo que ser ingresado en el Hospital San Mungo, donde sólo dos años después, tuvo algunas mejoras en su estado. Lockhart también admitió que aplicó estos hechizos a aquellas personas de cuyas hazañas quería apropiarse.

Lo más probable es que, con la ayuda de este hechizo, la memoria de la tía Marge haya cambiado después de que Harry la inflara accidentalmente.

Este hechizo también fue utilizado en 1997 por Hermione Granger en dos mortífagos.

Hermione borra la memoria de Xenophilius Lovegood después de la visita del trío a su casa.

« Si hay algo de lo que estoy orgulloso, son mis encantamientos de memoria. » – Gilderoy Lockhart

Di: oh-BLI-vi-eit

> **Dato curioso:** ¿Llamaste a tu novia o novio por el nombre de otra persona por accidente? ¡OBLIVIATE!
>
> ¿Fuiste despedido? ¡Obliviate! No hay problemas sin solución.

3. Obscuro

Clasificación: Conjuro

Interpretación: Un hechizo que crea una venda negra frente a los ojos del oponente, lo que le dificulta continuar la pelea.

Visto/Especificado: En octubre de 1997, Hermione Granger usó este hechizo para que Phineas Nigellus Black dentro de su retrato no pudiera verla a ella, Ron y Harry durante sus merodeos y no informara a Severus Snape sobre su paradero.

Harry Potter usó este hechizo en Draco Malfoy en 2020.

Di: ob-SKYUR-oh

> **Dato curioso:** Imagina lo romántico que sería decir este simple conjuro antes de darle un regalo a un ser querido. El arte de la sorpresa adquiriría un significado completamente nuevo.

4. Oppugno (Maleficio Oppugno)

Clasificación: Maleficio

Interpretación: Este hechizo puede hacer que los objetos hechizados ataquen a la víctima. El mago puede usar esto con otros hechizos durante una pelea.

Visto/Especificado: Hermione Granger usó este hechizo en 1996 para atacar a Ron Weasley con una bandada de canarios convocada durante una discusión entre ambos.

Di: oh-PUG-noh

5. Orbis (Maleficio Orbix)

Clasificación: Maleficio

Interpretación: Un hechizo que entierra a un enemigo bajo tierra. Solo funcionará si el aliado del mago hace levitar al objetivo justo cuando se lanza el hechizo. El enemigo es encerrado en una bola y desaparece bajo tierra.

Di: OR-biss

6. Orchideous

Clasificación: Conjuro

Interpretación: Un hechizo que conjura un ramo de orquídeas de la punta de una varita.

Visto/Especificado: En 1994, el Sr. Ollivander verificó la funcionaba correctamente de la varita de Fleur Delacour, y le entregó las flores encantadas.

Es posible que Hermione Granger conjurara una corona de flores en la tumba de Lily y James Potter con la ayuda de este hechizo.

« ¡Orchideous! Y un ramo de flores brotó de la punta de la varita. » – El uso de Garrick Ollivander de este hechizo

Di: or-KID-i-us

> **Dato curioso:** El mago no necesita sufrir por la elección del regalo en el Día de San Valentín: una palabra, y tiene un ramo de flores hermosas en sus manos. ¡Tu pareja seguramente admirará el regalo extasiada!

Hechizos con la letra O

7. Oscausi

Clasificación: Encantamiento oscuro

Interpretación: Un hechizo oscuro que sella la boca de la víctima. La boca se verá como si no estuviera allí, y el área donde estaba se cubrirá con piel.

Visto/Especificado: Leta Lestrange usó este hechizo en un estudiante de Gryffindor cuando estaba en su tercer año en Hogwarts. La chica de Gryffindor habló con saña de Leta a sus espaldas hasta que Leta usó este hechizo sobre la insolente compañera de clase. Minerva McGonagall le quitó alrededor de 200 puntos a Slytherin por esta broma y eliminó por completo el efecto del hechizo, pero cuando la molesta habladora comenzó a quejarse de Leta, McGonagall enojada restauró el hechizo.

Di: os-SCAW-zi

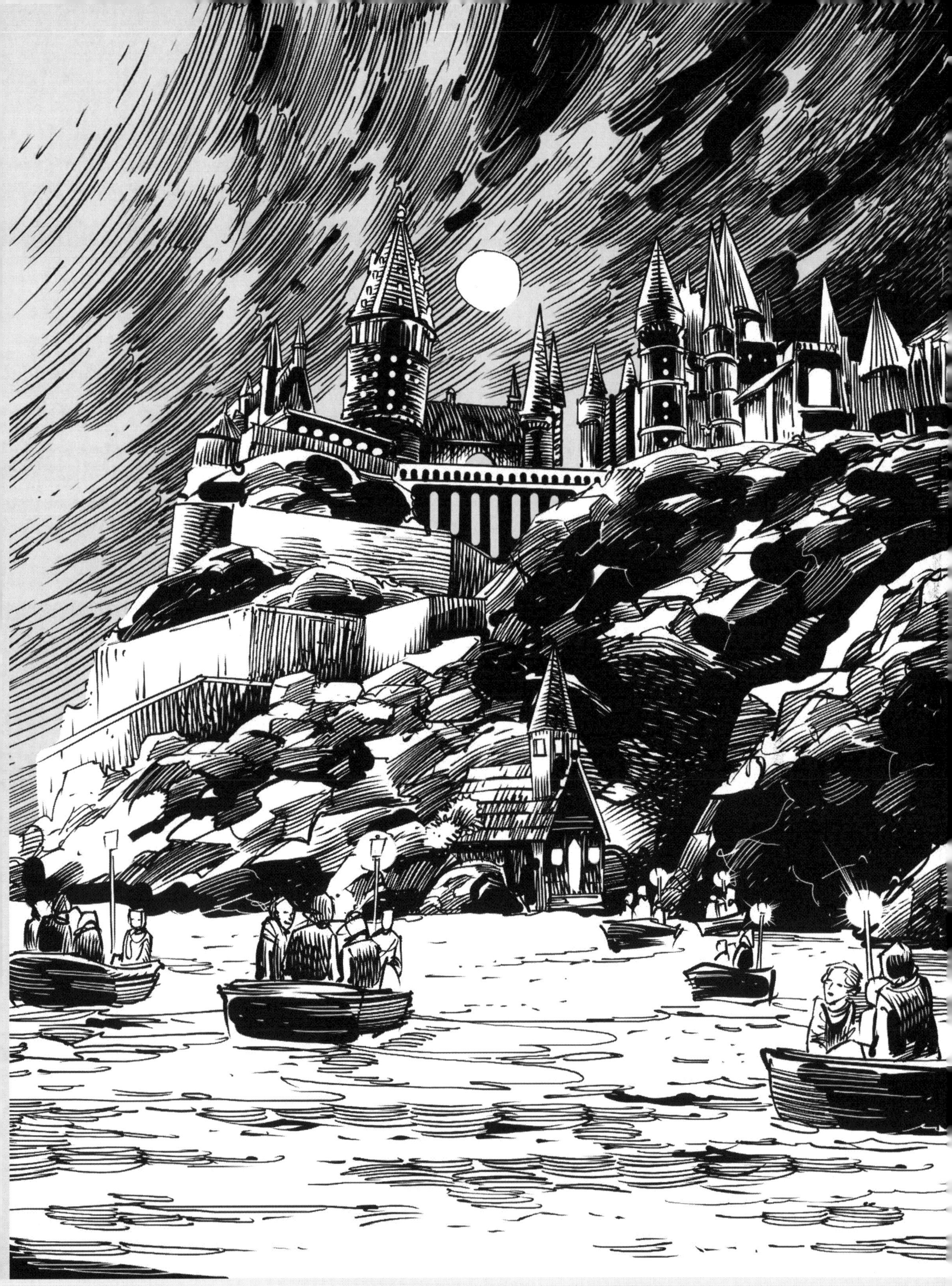

P

1. Pack

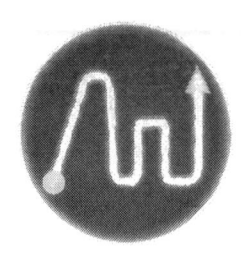

Clasificación: Encantamiento

Interpretación: Un hechizo que te permite empacar cosas rápidamente.

Visto/Especificado: En 1994, al final del año escolar, Remus Lupin colecciona cosas, apuntando su varita alternativamente a maletas y cofres. Pero no dice nada en voz alta.

En 1995, Nymphadora Tonks usa estos hechizos para empacar las pertenencias de Harry Potter en una maleta cuando los miembros de la Orden del Fénix lo envían al número 12 de Grimmauld Place.

Datos interesantes: En la película Harry Potter y la Orden del Fénix, Harry Potter ya está reunido para la llegada de la Orden del Fénix, por lo que no se requiere el hechizo.

> **Dato curioso:** ¡El sueño de todo viajero! ¡Empaca rápidamente tus maletas y ve a conocer nuevos lugares mágicos!

2. Papyrus Reparo

Clasificación: Encantamiento

Interpretación: La fórmula verbal de un hechizo que restaura papel rasgado.

Visto/Especificado: En 1927, Newt Scamander usó este hechizo para recolectar una postal rota de Tina Goldstein donde estaba registrada la dirección de Tina en París.

3. Patented Daydream (Encantamiento de Ensueño Patentado)

Clasificación: Encantamiento

Interpretación: Un producto de la tienda de los gemelos Weasley. Así es como se describe en el folleto promocional: "Un simple hechizo y te sumerges en un sueño despierto ultrarrealista de alta calidad que dura treinta minutos, lo que te permite encajarlo convenientemente en una lección escolar estándar de manera casi imperceptible para los demás (los posibles efectos secundarios son la falta de expresiones faciales y babeo leve). No apto para la venta a personas menores de dieciséis años".

Visto/Especificado: Hermione Granger dijo que eran de un nivel asombroso de magia. Por este gran elogio, Fred Weasley le ofreció a la muchacha el producto gratis.

4. Partis Temporus

Clasificación: Encantamiento

Interpretación: Este hechizo puede crear una brecha no permanente en el objetivo.

Visto/Especificado: En la sexta película, Albus Dumbledore usa el hechizo para crear un pasaje a través de la pared de fuego que creó para ahuyentar a los Inferi.

Quizás en la octava película, Hermione usó este hechizo durante una escaramuza con los Slytherin en la Sala de los Menesteres. Pero si ese es el caso, no funcionó del todo: los muchachos aún tuvieron que correr para salvar sus vidas.

Di: PAR-tis temp-OR-us

5. Peskipiksi Pesternomi

Fracaso de Lockhart

Clasificación: Encantamiento

Interpretación: Un hechizo que mete a los Duendecillos en una jaula.

Visto/Especificado: Gilderoy Lockhart lo aplicó sin éxito en septiembre de 1992 al final de la primera lección de Defensa contra las Artes Oscuras para estudiantes de segundo año.

Datos interesantes: Dado que el hechizo no funcionó, existe la posibilidad de que no exista. Quizás Lockhart inventó este hechizo en el salón de clases durante la lección. O Lockhart es un mago débil o la magia de este nivel estaba más allá de su fuerza.

Di: PES-ki PIX-i PES-ter NO-mi

6. Petrificus Totalus (Maldición de Parálisis de Cuerpo)

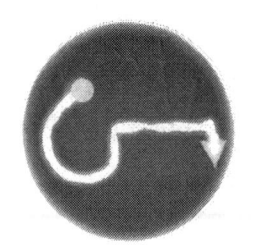

Clasificación: Maldición

Interpretación: Una maldición, que inmoviliza a la víctima. Las manos se presionan a los lados, las piernas se pegan, la persona generalmente no se mantiene de pie y se cae.

Visto/Especificado: En 1992, Hermione usa el hechizo en Neville cuando intenta evitar que el trío abandone la sala de estar de Gryffindor.

Mientras estudiaba en la escuela, Sirius Black usó este hechizo en Severus Snape.

En 1996, Harry Potter usó este hechizo sobre Antonin Dolohov para neutralizar al Mortífago.

En 1996, Draco Malfoy lanzó este hechizo sobre Harry Potter en el Expreso de Hogwarts, quien estaba oculto por la capa de invisibilidad.

En 1997, Hermione Granger venció a Antonin Dolohov en un café muggle usando Petrificus Totalus. Resulta que este hechizo es el punto débil de Antonin: fue por él que a menudo sufrió la derrota.

Datos interesantes: Este es un hechizo paralizante que no causa ningún daño directo. Sin embargo, en algunas situaciones, privar a una persona de la capacidad de moverse y así ayudarse a sí misma o evitar (esquivar) un golpe puede tener consecuencias muy tangibles. El hechizo se puede deshacer con el hechizo Finite Incantatem.

Di: pe-TRI-fi-cus to-TAH-lus

7. Piertotum Locomotor

Minerva es experta en este hechizo

Clasificación: Encantamiento

Interpretación: Un hechizo que hace que las estatuas de piedra y las armaduras se muevan.

Visto/Especificado: Muy probablemente, fue con este hechizo que Albus Dumbledore revivió las estatuas durante la batalla con Voldemort en el Ministerio de Magia.

Minerva McGonagall lo usa en la Batalla de Hogwarts.

Datos interesantes: El hechizo no solo hace que las estatuas se muevan, sino que también les da cierto sentido del deber, por ejemplo, para proteger a alguien. Sin embargo, no hace que el objeto esté completamente vivo. El objeto no tiene sentimientos; tiene un objetivo que debe cumplir a toda costa.

Di: pir-TOH-tuhm loh-ko-MOH-tor

8. Point Me (Hechizo de Cuatro Puntos)

Interpretación: Un hechizo que obliga a una varita mágica a señalar la dirección hacia el norte como la aguja de una brújula.

Visto/Especificado: Durante el Torneo de los Tres Magos, Hermione le aconsejó a Harry Potter que usara este hechizo en la tercera etapa de las pruebas, en el laberinto, para que no se perdiera.

9. Portus

Interpretación: La fórmula verbal del encantamiento con el que se crean los trasladores. Está prohibido usarlo sin el permiso oficial del Ministerio de Magia. Se puede aplicar a cualquier objeto físico.

Visto/Especificado: Trasladores para la organización de la Copa Mundial de Quidditch.

En el Cáliz de Fuego en la tercera etapa de la competencia: un traslador creado por el falso Moody.

El traslador que creó Dumbledore cuando fue necesario trasladarse a la casa de Sirius desde Hogwarts y desde el Ministerio a la escuela en quinto año.

Dato interesante: Inmediatamente después de aplicar el hechizo, el objeto que debería convertirse en un traslador comienza a brillar con una luz azul brillante. Después de unos segundos, el brillo se detiene.

Di: POR-tus

> **Dato curioso:** En las realidades modernas, cuando ya sabes qué bloqueaba la comunicación entre países, este hechizo se ha vuelto más relevante que nunca. En apenas un par de minutos sería posible convertir, por ejemplo, un calcetín en un traslador, y estar en cualquier parte del planeta tocándolo. En lugar de otro sábado por la noche en el sofá, podrías nadar en el océano, dar un paseo por el Louvre o visitar uno de los restaurantes de Nueva York sin gastar un Knut en tarifas.

10. Prior Incantato (Hechizo Inverso)

Clasificación: Encantamiento

Interpretación: Un hechizo especial. Cuando se aplica a una varita, provoca las últimas acciones mágicas realizadas por esa varita en orden inverso. Las imágenes de los objetos en los que se usaron los hechizos aparecen en la varita que se está comprobando. Un contra hechizo: Deletrius.

Visto/Especificado: Después de la Copa Mundial de Quidditch en 1994, este hechizo se menciona por primera vez. Amos Diggory lo usó para revisar la varita de Harry después de que se la encontraran en Winky, la elfa. El caso fue que el Mortífago Barty Crouch Jr había robado la varita bajo el manto de invisibilidad y convocó a la Marca Tenebrosa con ella. Las sospechas recayeron sobre Winky, que lo acompañaba en secreto.

Durante la pelea legendaria en la final del Torneo de los Tres Magos en el cementerio entre Harry y el Señor de las Tinieblas, este hechizo se convirtió en un fenómeno involuntario debido a la reticencia de las varitas hermanas a enfrentarse entre sí. Cuando los dueños las obligaron a pelear entre ellas, ocurrió un fenómeno raro: la varita de Voldemort comenzó a emitir todas sus acciones en orden inverso, comenzando por la última. Las víctimas que aparecieron: Cedric Diggory, Frank Bryce, Bertha Jorkins, Lily y James, salvaron a Harry bloqueándolo brevemente de Voldemort y dándole a Harry la oportunidad de llegar al traslador.

Después de que los prisioneros escaparan de la mansión Malfoy (en la primavera de 1998), Voldemort y sus secuaces usaron este hechizo para investigar la varita mágica restante de Hermione y, como resultado, aprendieron (entre otras cosas) sobre la destrucción de la varita de Potter.

Di: pri-OR en-can-TAH-toh

> **Dato curioso:** Al comprar una varita mágica usada, vale la pena verificar su "kilometraje".

11. Protego (Encantamiento de Escudo)

Interpretación: Un hechizo mágico defensivo que repele el ataque de un oponente. Crea una especie de escudo invisible mágico entre el atacante y el defensor. Un hechizo débil puede rebotar en el atacante.

Visto/Especificado: Harry estudió estos encantamientos en preparación para la tercera prueba del Torneo de los Tres Magos.

Harry mostró el Encantamiento Escudo en las reuniones del E.D. Hermione y Neville son los que lo dominaron más rápidamente.

En marzo de 1996, Harry usó Protego en la clase de Oclumancia y, habiendo protegido sus recuerdos, vio los recuerdos de Snape.

Dato interesante: El hechizo se considera simple, pero también requiere práctica para tener éxito. Cuando Fred y George Weasley comenzaron a producir "ropa de escudo" (sombreros, guantes e impermeables equipados con encantamientos de escudo) como una broma, inesperadamente recibieron un gran pedido por parte del Ministerio de Magia.

Di: pro-TE-goh

12. Protego Diabolica

Grindelwald es un experto en este hechizo

Clasificación: Artes Oscuras

Interpretación: Invoca un anillo protector de fuego alrededor del conjurador. Tiene como base las Artes Oscuras.

Visto/Especificado: En la película Animales Fantásticos: Los Crímenes de Grindelwald, el hechizo fue utilizado por el antagonista principal, el mago oscuro Gellert Grindelwald. El círculo de fuego azul brillante también servía como filtro: solo los magos que eran absolutamente leales a Grindelwald y sus ideas podían cruzar la línea de fuego.

Di: pro-TE-goh dia-BOH-li-ca

13. Protego Horribilis

Clasificación: Encantamiento

Interpretación: Protege el área de la penetración de personas (muggles y magos). Pero los magos fuertes no serán disuadidos por esto. El hechizo te impide ver el lugar protegido.

Visto/Especificado: Filius Flitwick lanzó este hechizo en el castillo antes de la Batalla de Hogwarts. Es cierto que Lord Voldemort lo destruyó fácilmente.

Di: pro-TE-goh horr-i-BIH-lis

14. Protego Maxima

Clasificación: Encantamiento

Interpretación: Una versión más poderosa del Encantamiento Escudo, que protege un área muy grande. Este hechizo crea un poderoso escudo en forma de cúpula cuando interactúa en combinación con los hechizos Repello Inimicum y Fianto Duri, que se usaron en la Batalla de Hogwarts. Si necesitas cubrir un área enorme (más grande que Hogwarts) con un hechizo, necesitarás dedicar mucho tiempo a crearlo.

Visto/Especificado: Los profesores Flitwick y Slughorn usaron este hechizo, así como un miembro de la Orden del Fénix, Molly Weasley, para proteger Hogwarts en 1998.

Di: pro-TE-goh MAX-i-MA

15. Protego Totalum

Clasificación: Encantamiento

Interpretación: Un hechizo que protege un lugar específico de todos los posibles hechizos hostiles dirigidos. Una variación del Encantamiento Escudo.

Visto/Especificado: Hermione Granger usó el hechizo varias veces en el terreno alrededor de la tienda cuando ella, Harry Potter y Ron Weasley recorrían el país en busca de horrocruxes.

Di: pro-TE-goh toh-TAH-lum

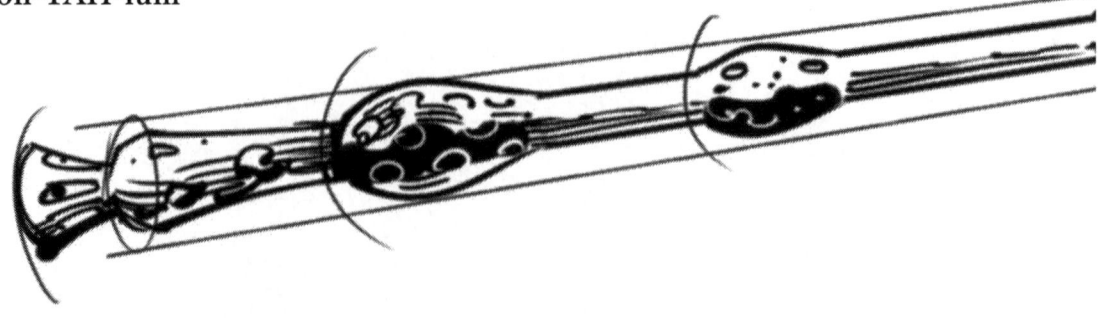

Q

1. Quietus (Hechizo Silenciador)

Clasificación: Encantamiento

Interpretación: Un contra hechizo al hechizo Sonorus que se usa para reducir el volumen de la voz propia.

Para usarlo, debes apuntar la varita a tu propia garganta y pronunciar la fórmula. Sin embargo, algunos magos poderosos, como Albus Dumbledore, pueden usar este hechizo de forma no verbal y no usar una varita para esto.

Visto/Especificado: En el verano de 1994, en la Copa Mundial de Quidditch, el comentarista del partido final Ludo Bagman lo usó para cancelar el Sonorus.

« ... Bagman apuntó la varita a su propia garganta y dijo: Quietus ... »

Di: CUI-eh-tus

Varita de Saúco

Después de su victoria, Harry Potter renuncia a la posesión de la Varita de Saúco. Lo usa solo para reparar su antigua varita, que lo había elegido hacía siete años y le había servido tan fielmente desde entonces. Decide devolver la Varita de Saúco a la tumba de Dumbledore.

R

1. Redactum Skullus (Hechizo para Encoger la Cabeza)

Clasificación: Embrujo

Interpretación: Es el contra hechizo de Engorgio Skullus, y este hechizo encoge la cabeza del objetivo.

Di: reh-DAK-tum SKULL-us

2. Reducio (Encantamiento Encogedor)

Interpretación: Un hechizo que hace que un objeto se reduzca de tamaño. La calidad del encogimiento depende de la habilidad del mago, es posible encoger el objeto varias decenas de veces.

El hechizo también puede servir como contra hechizo de Engorgio, devolviendo el objeto agrandado a su tamaño original.

Visto/Especificado: Quizás este hechizo fue usado por Arthur Weasley para devolver la lengua de Dudley Dursley a su tamaño normal cuando este comió los caramelos longuilinguos.

El falso Moody redujo la araña a su tamaño normal cuando demostró el hechizo Cruciatus.

Di: re-DU-si-oh

> **Dato curioso:** Puede que no parezca particularmente útil hasta que pienses cuánto afectará la conveniencia de empacar. El hechizo eliminará el estrés asociado con tratar de cerrar la maleta, que está llena de cosas.

3. Reducto (Maldición Reductora)

Interpretación: Una maldición diseñada para destruir sólidos. El efecto de este hechizo es similar al efecto del hechizo Bombarda. Parece un rayo o una bola azul.

Visto/Especificado: Severus Snape usa este hechizo en los arbustos durante una conversación con Igor Karkaroff durante el Baile de Navidad.

84　◇　Hechizos con la letra R

Harry Potter usa Reducto en la tercera prueba del Torneo de los Tres Magos. Primero, sin éxito, para disipar la niebla mágica, y luego, para quitar los arbustos del camino y ayudar a Cedric Diggory, quien sufrió a manos de Viktor Krum, quien estaba bajo la influencia del hechizo Imperius.

Harry entrenó a miembros del Ejército de Dumbledore. Ginny Weasley usó este hechizo para convertir una estatua en polvo.

Dato interesante: En la adaptación de la Orden del Fénix, solo Ginny usa un hechizo explosivo para romper los estantes en el Departamento de Misterios, mientras que en el libro los seis miembros del Ejército de Dumbledore lo hacen.

Di: re-DUK-toh

4. Relashio (Embrujo de Repugnancia)

Clasificación: Maleficio

Interpretación: Un maleficio que libera a una persona u objeto de un agarre, abrazadera, etc. Se utiliza principalmente para deshacerse de grilletes y cadenas.

Cuando el mago lanza este hechizo, salen chispas disparadas de su varita y chorros de agua hirviendo debajo del agua.

Visto/Especificado: Harry Potter lo usó durante la segunda prueba del Torneo de los Tres Magos cuando salvó a Ron Weasley en el Lago Negro. Los chorros de agua hirviendo que conjuró hirieron a los Grindylows sensiblemente. La piel verde de los Grindylows golpeados por Harry se volvió roja y algunos perdieron el conocimiento.

El hechizo fue utilizado por Bob Ogden contra Marvolo Gaunt, por lo que salvó a Merope Riddle. El hechizo hizo retroceder a Gaunt.

Hermione Granger liberó a Mary Cattermole de las cadenas.

Ron Weasley intentó usar este hechizo para liberar a Peter Pettigrew de su propia mano plateada cuando esta intentó estrangular a su dueño.

Con estos mismos encantamientos, Harry libera al dragón de las cadenas en el Banco Gringotts.

Di: re-LASH-i-oh

> **Dato curioso:** Ahora, con este hechizo, puedes desatar fácilmente los cordones de tus zapatos con solo deslizar tu varita.

5. Rennervate (Hechizo de Recuperación)

Clasificación: Encantamiento

Interpretación: Un hechizo que devuelve la conciencia a una persona (o criatura mágica) embrujada. No está del todo claro si funciona si una persona ha perdido el conocimiento de forma natural.

Visto/Especificado: Amos Diggory aplica el hechizo Rennervate a la aturdida Winky.

Dumbledore reanimó a Barty Crouch Jr. después de que lo aturdiera el hechizo Desmaius.

Harry Potter usó un hechizo en la Cueva de Cristal para que Albus Dumbledore, envenenado por una poción, se recuperara.

« Él levantó su propia varita, apuntó a Winky y dijo: "¡Rennervate!" Winky se movió débilmente. » – Amos Diggory usó este hechizo en Winky

Di: RENN-er-vate

6. Reparifors

Clasificación: Hechizo de curación

Interpretación: Este hechizo puede revertir pequeñas dolencias inducidas por la magia, como parálisis y envenenamiento.

Visto/Especificado: Este hechizo se ve en Harry Potter y el Prisionero de Azkaban (videojuego).

Di: re-PAR-i-fors

7. Reparo

Hermione es experta en este hechizo

Clasificación: Encantamiento

Interpretación: Un hechizo con el que es posible restaurar objetos rotos, como jarrones, copas, vasos, etc.

Visto/Especificado: Después de una discusión con Malfoy, Ron cierra la puerta del compartimiento detrás de ellos con tanta furia que el cristal se hace añicos. Hermione arregla el cristal con un hechizo Reparo.

En la clase de Encantamientos, la copa de Ron se rompe. Hermione la arregla con este hechizo.

Harry usa Reparo para pegar el libro del Príncipe Mestizo y la portada de un nuevo libro de texto de Flourish y Blotts.

Hermione arregla las balanzas para una chica de primer año. De hecho, esta chica de primer año era Goyle, quien había tomado una poción multijugos.

Primero Hermione, y luego Harry, intentan reparar la varita rota de Harry con un hechizo Reparo. No lo consiguen: el daño es demasiado grave. Sin embargo, al final del libro, Harry logra hacerlo con la Varita de Saúco.

Historia del origen: En su libro de texto escolar, Miranda Goshawk habla sobre la inventora de este hechizo, Arabella Nuttley, una tímida empleada del Ministerio de Magia, aficionada a inventar hechizos en su tiempo libre. Un día, en 1754, el antiguo monumento arquitectónico del Coliseo fue destruido debido a una pelea entre dos grupos de aficionados que corrían en escobas. Arabella aplicó el hechizo Reparo a los restos y volvieron a su lugar. Los empleados de Nuttley también comenzaron a repetir el hechizo después de ella, y el Coliseo logró ser reparado antes de que los muggles descubrieran su destrucción.

Dato interesante: El hechizo funciona en objetos sólidos. No es adecuado para reparar, por ejemplo, ropa.

Si el artículo se acaba de romper, basta con decir Reparo; si el daño es antiguo, se necesita un hechizo de aclaración (por ejemplo, Oculus Reparo, para arreglar gafas).

Di: re-PA-ro

> **Dato curioso:** ¿Se te cayó accidentalmente la taza que tanto significa para ti? No hay problema, para que no tengas que llorar por los fragmentos, Reparo puede ayudarte.

8. Repello Inimicum

Clasificación: Encantamiento

Interpretación: Cualquiera que entre en este encantamiento se desintegrará en pedazos.

Visto/Especificado: Horace Slughorn, Filius Flitwick y el miembro de la Orden del Fénix, Molly Weasley, usaron este hechizo para salvaguardar el Castillo de Hogwarts en 1998.

« *Fianto Duri. Protego Máxima. Repello Inimicum.* » – *Filius Flitwick crea una protección mágica previo a la Batalla de Hogwarts*

Di: re-PEH-lloh i-ni-MI-cum

9. Repello Muggletum (Encanto Repelente de Muggles)

Clasificación: Encantamiento

Interpretación: Un hechizo que puede alejar a los muggles de cualquier objeto y territorio. Al acercarse al lugar encantado, el muggle recuerda los asuntos urgentes que deben tratarse de inmediato y se va. Este hechizo solo funciona en muggles.

Visto/Especificado: Este hechizo se usó en la Copa Mundial de Quidditch de 1994 para proteger el estadio.

Hermione Granger les dijo a sus amigos que los encantamientos repelentes de muggles protegen a Hogwarts.

Hermione Granger usa este hechizo con mucha frecuencia cuando escapa en 1997 para escapar de encuentros no deseados con muggles.

Di: re-PEL-oh MUH-guhl-tuhm

10. Revelio (Encantamiento Revelio)

Interpretación: Un hechizo para detectar objetos invisibles. Aprendido en el segundo año.

Di: reh-VEL-i-oh

11. Reverte

Clasificación: Encantamiento

Interpretación: Este hechizo devuelve los objetos a sus posiciones originales.

Visto/Especificado: Usado por Leta Lestrange en 1927.

Di: ree-VEHR-te

12. Rictusempra (Encantamiento de Cosquillas)

Clasificación: Encantamiento

Interpretación: Un hechizo que hace que el enemigo tenga ataques de risa indomables. Se envía en forma de rayo plateado. Usado en duelos.

Visto/Especificado: En 1992, Harry Potter aplicó este hechizo a Draco Malfoy en su segundo año durante un duelo en el Club de Duelo. El hechizo funcionó, y Draco apenas podía enderezarse de la risa.

Di: ric-tu-SEM-pra

13. Riddikulus (Hechizo de Destierro de Boggarts)

Clasificación: Encantamiento

Interpretación: Un hechizo usado para alterar un Boggart. Para deshacerte de un Boggart, debes imaginar esta figura aterradora como algo cómico (convertir al hombre del saco en el hazmerreír), apuntar con la varita al Boggart y pronunciar: Riddikulus. Luego, si el hechizo se lanza correctamente, el Boggart se convertirá en algo divertido y no aterrador, y la risa resultante destruirá al fantasma.

Visto/Especificado: Enseñado por Remus Lupin durante el tercer año de Defensa Contra las Artes Oscuras, donde sus alumnos tuvieron la oportunidad de practicar el hechizo en un Boggart real.

Di: rih-dih-KUL-lus

S

1. Salvio Hexia

Clasificación: Encantamiento

Interpretación: Un hechizo defensivo que protege el área de maleficios.

Visto/Especificado: En 1997, durante la Caza de los Horrocruxes, Hermione Granger usó un hechizo de este tipo junto con otros hechizos protectores para protegerse a sí misma y a sus amigos de las fuerzas oscuras.

Di: SAL-vi-oh HECK-si-ah

2. Scourgify (Encantamiento de Fregado)

Clasificación: Encantamiento

Interpretación: Hechizo de limpieza que elimina la suciedad líquida (desechos, vómitos, etc.). El hechizo también se usa para exterminar a los parásitos Bundimun. Y el hechizo Tergeo se usa para quitar el polvo seco.

Visto/Especificado: Hermione Granger le enseñó a Neville Longbottom un hechizo para que el mismo Neville pudiera quitarse las tripas de rana de debajo de las uñas de ahora en adelante.

Di: SKUR-ji-fy

> **Dato curioso:** Los magos son capaces de muchas cosas grandiosas e inspiradoras, pero el hecho de que haya magia para lavar los platos al instante es un verdadero milagro.

3. Sectumsempra

Snape es un experto en este hechizo

Clasificación: Maldición

Interpretación: Una maldición que disecciona el objeto al que se dirige. Para eliminar las consecuencias, existe una contra maldición: Vulnera Sanentur. Pero para una cura completa, debe usarse Díctamo inmediatamente. Inventado por Severus Snape. Si alguna parte del cuerpo ha sido cortada con Sectumsempra, no puede ser restaurada por ningún hechizo.

Visto/Especificado: Quizás este hechizo fue usado por Severus Snape al final del quinto año. Sucedió cuando James Potter desarmó a Snape, pero el Slytherin aún logró tomar su varita y lanzar un hechizo que cortó la mejilla de James.

Harry Potter también usó Sectumsempra con Draco Malfoy durante su confrontación en el baño de Myrtle la Llorona en sexto año, y quedó asombrado por el poder de este hechizo.

Más tarde, Harry Potter aplicó el hechizo a los Inferi, aunque casi sin efecto, ya que Sectumsempra solo cortó la ropa y la carne muerta.

Después de la muerte de Dumbledore, Harry ya había tratado deliberadamente de aplicar Sectumsempra a Severus Snape, pero Snape repelió el hechizo, comentando cáusticamente que el autor del hechizo debe, por supuesto, saber cómo detenerlo.

Durante la operación de los Siete Potter, Severus Snape cortó la oreja de George Weasley con Sectumsempra. Al final resultó que más tarde, el Maestro de Pociones estaba tratando de evitar que un compañero Mortífago lanzara una maldición asesina sobre Remus Lupin.

« Para enemigos. » – El Príncipe Mestizo

Di: sec-tum-SEMP-rah

4. Serpensortia (Hechizo de Invocación de Serpientes)

Clasificación: Conjuro

Interpretación: Un hechizo que hace que aparezca una serpiente de la varita de un mago.

Visto/Especificado: Draco Malfoy usó un hechizo durante un duelo con Harry Potter en su segundo año.

Di: ser-pen-SOR-shah, SER-pehn-SOR-ti-ah

5. Silencio (Encantamiento Silenciador)

Clasificación: Encantamiento

Interpretación: Un hechizo que silencia a una criatura viva. Se enseña en Hogwarts en el quinto año. Afecta a animales y humanos.

Visto/Especificado: Los estudiantes de quinto año en el salón de clases practicaron estos hechizos en ranas y cuervos. Ron, que estaba practicando un hechizo en un cuervo, no pudo silenciarlo, y después del comentario de Hermione de que estaba agitando su varita incorrectamente, le dijo a Hermione (que estaba entrenando en una rana) que los cuervos eran más tercos que las ranas. Hermione respondió ofreciéndose a cambiar de animal y silenció fácilmente al cuervo, y Ron nunca logró hechizar a la rana.

Hermione Granger usó este hechizo el 18 de mayo de 1996 contra Antonin Dolohov, pero este aun así hirió a Hermione con un hechizo no verbal.

« El cuervo seguía abriendo y cerrando su afilado pico, pero no salía ningún sonido. » – Harry Potter y la Orden del Fénix

Di: sih-LEN-ci-oh

Dato curioso: ¿Un maullido gato fuera de la ventana? Silencio. ¿Un vecino comentando un partido? Silencio. ¿Alguien está sorbiendo y hablando ruidosamente en el cine? ¡Silencio, Silencio, Silencio!

6. Slugulus Eructo — *Fracaso de Ron*

Clasificación: Encantamiento

Interpretación: Obliga a la víctima a eructar babosas viscosas.

Visto/Especificado: El hechizo que Ron Weasley usó en Draco Malfoy. Desafortunadamente, la varita rota de Ron hizo que el hechizo rebotara contra él, después de lo cual se ahogó con babosas. Harry y Hermione llevaron al pobre niño a la cabaña de Hagrid, pero el semigigante solo le dio a Ron un balde y le dijo que escupiera las babosas en él, especificando que el efecto se pasaría solo. O no había contra hechizo para tal hechizo, o Hagrid no lo conocía, y los chicos estaban demasiado avergonzados para ir a sus maestros. Quizás un contra hechizo sería un hechizo de la serie Finite.

7. Sonorus (Encantamiento Amplificador)

Clasificación: Encantamiento

Interpretación: Un hechizo para aumentar el volumen de la voz. La voz se convierte en un rugido atronador. Se utiliza principalmente en eventos, reemplazando parlantes y altavoces muggles.

Visto/Especificado: Ludo Bagman usó este hechizo cuando comentó la final de la Copa Mundial de Quidditch en 1994 (Cornelius Fudge en la película) y más tarde en el Torneo de los Tres Magos en Hogwarts (Albus Dumbledore en la película).

Quizás Voldemort amplificó su voz durante la Batalla de Hogwarts con este hechizo.

Di: soh-NOHR-uhs

8. Specialis Revelio

Clasificación: Encantamiento

Interpretación: Una fórmula de hechizo verbal para detectar magia oscura en objetos.

Visto/Especificado: Este hechizo es utilizado por Hermione Granger para detectar el encantamiento impuesto en el libro del Príncipe Mestizo.

Ernie Macmillan aplica este hechizo a su poción para determinar en qué consiste.

Di: spe-si-AL-is reh-VEL-i-oh

9. Sternius

Clasificación: Embrujo

Interpretación: Este es un embrujo que causa distracción ya que provoca un estornudo en el objetivo.

Di: STER-ni-us

10. Stinging Jinx (Embrujo Punzante)

Clasificación: Maleficio, Embrujo

Interpretación: Un hechizo que funciona de manera similar a las picaduras de abejas o avispas.

Visto/Especificado: Hermione desfiguró el rostro de Harry con este hechizo cuando quedó claro que estaban rodeados de carroñeros.

11. Surgito

Clasificación: Contra hechizo

Interpretación: La fórmula verbal de un hechizo que disipa encantamientos.

Visto/Especificado: En 1927, Newt Scamander usó este hechizo para desencantar a Jacob Kowalski de los encantos de amor de Queenie Goldstein. Como resultado del hechizo, Kowalski se despertó de un estado encantado, similar a un sueño, y volvió a ser consciente de la realidad.

Di: SUR-gi-toh

T

1. Tabú — *Hechizo de los Mortífagos*

Clasificación: Maleficio

Interpretación: Impone una prohibición sobre alguna acción (por ejemplo, pronunciar un nombre). Este hechizo causa interferencia mágica en lugar de acciones no autorizadas.

Visto/Especificado: Solo hay una instancia conocida de este hechizo lanzado: Tabú fue lanzado sobre el nombre de Voldemort. Quienquiera que pronunciara el nombre era privado de todos sus hechizos protectores y de encubrimiento, y su ubicación era instantáneamente conocida por los mortífagos y los cazarrecompensas que trabajaban para ellos.

Datos interesantes: El hechizo Detector probablemente pertenece a la misma clase de hechizos que el hechizo Tabú, pero es un poco más débil y, aunque no hay consecuencias después de que un menor lanza el hechizo, el Detector apunta al lugar donde se lanzó el hechizo.

A juzgar por el miedo de la mayoría de los magos de nombrar a Voldemort, el hechizo Tabú también se usó durante la Primera Guerra Mágica.

2. Tarantallegra (Hechizo de Pies Danzantes)

Clasificación: Encantamiento

Interpretación: Un encantamiento que hace bailar a una persona en contra de su voluntad. Se estudia en el segundo año.

Historia de Origen: Este hechizo tiene su origen en Italia, la creación se atribuye al mago Zaccaria Innocenti, quien usó este hechizo para despertar al volcán inactivo Vesubio en el '79. Principalmente, el hechizo se usa para entretenimiento, pero también se usa en duelos.

Visto/Especificado: En 1992, Draco Malfoy lanzó este hechizo sobre Harry Potter durante la primera reunión del Club de Duelo. Harry entró en un baile sin fin, pero Snape intervino y detuvo el hechizo.

En 1996, Antonin Dolohov usó este hechizo en Neville Longbottom en el Departamento de Misterios.

Datos Interesantes: El nombre proviene de la danza italiana "tarantela", caracterizada por un tempo muy rápido y figuras complejas. A su vez, esta danza debe su nombre a la leyenda de que solo se podía bailar después de ser mordido por una tarántula venenosa. La segunda parte de la palabra "alegre" está en consonancia con el italiano "allegro", que significa tempo "rápido", pero también puede significar "diversión". Lo que solo refuerza la impresión de una danza frenética contra la voluntad.

Di: ta-RAN-ta-LEG-gra

Dato curioso: Solo imagina la diversión si encantas a tu acompañante y lo haces comenzar un baile loco y observas cómo, por alguna razón, las víctimas insatisfechas intentan bailar más cerca de ti y expresar su gratitud 😁

3. Tergeo

Clasificación: Encantamiento

Interpretación: La fórmula verbal de un hechizo que limpia un objeto de polvo, grasa, sangre, etc. Para una limpieza más seria, usa Scourgify.

Visto/Especificado: En 1996, Hermione Granger usó este hechizo en el Gran Comedor para quitar la sangre seca del rostro de Harry Potter.

En 1997, Ron Weasley usó a Tergeo para limpiar el pañuelo que se usaba para limpiar el horno y le dio el pañuelo a Hermione, que estaba llorando.

Di: TER-ge-oh

Dato curioso: Ahora limpiar la jaula de tu lechuza mascota favorita no es ningún problema. 🦉

V

1. Vera Verto

Clasificación: Transformación

Interpretación: Un hechizo que convierte a pequeños seres vivos en recipientes para líquidos.

Visto/Especificado: Este es un hechizo complejo que puede tener consecuencias desagradables si se realiza incorrectamente. Uno de los efectos secundarios es que el recipiente recién formado será esponjoso o tendrá cola. El movimiento correcto de la varita es muy importante para estos encantamientos, como notó la profesora McGonagall cuando enseñó el hechizo a la clase en septiembre de 1992.

« Asi que. Hoy vamos a convertir animales en recipientes para líquidos. Así. Uno dos tres. Vera Verto » — Minerva McGonagall

Di: ver-ah-VER-toh

2. Verdimillious (Encantamiento Verdimillious)

Clasificación: Encantamiento

Interpretación: Este hechizo produce un chorro de chispas verdes, que pueden usarse para rastrear la magia oscura.

Visto/Especificado: Este hechizo se usó muchas veces desde 1991 hasta 1994.

Di: ver-di-MILL-i-us

3. Verdimillious Duo

Clasificación: Encantamiento

Interpretación: Una versión más actualizada de Verdimillious.

Visto/Especificado: Este encantamiento se enseñó en el primer año en la clase de Defensa Contra las Artes Oscuras.

4. Vermillious (Chispas Rojas)

Clasificación: Encantamiento

Interpretación: Un hechizo que provoca un haz de chispas rojas de una varita. Este hechizo puede ser utilizado por magos que necesitan ayuda.

Visto/Especificado: En 1992, Hagrid les dijo a los estudiantes de primer año que iban con él al Bosque Prohibido que podían usar este hechizo si estaban en peligro.

En 1995, durante la Tercera Prueba, los participantes del Torneo de los Tres Magos podían enviar chispas de señales rojas para pedir ayuda.

Di: ver-MILL-i-us

5. Vipera Evanesca (Hechizo de Desaparición de Serpientes)

Clasificación: Desaparición

Interpretación: La fórmula verbal de un hechizo que provoca algo parecido a una bola de fuego que destruye serpientes.

Visto/Especificado: Severus Snape usó este hechizo en 1992 durante el entrenamiento de los estudiantes en el Club de Duelo para destruir una serpiente conjurada por Draco Malfoy.

« Snape se acercó a la serpiente, agitó su varita y la serpiente se disolvió en una pequeña nube negra. » – Harry Potter y la Cámara Secreta

Di: vi-PER-Ah i-vah-NES-kah

6. Vulnera Sanentur

Clasificación: Hechizo de curación

Interpretación: Hechizo que cura las heridas y hace que la sangre vuelva al cuerpo humano. Tal vez sirva como contra maldición al Sectumsempra.

Visto/Especificado: En el libro Harry Potter y el Misterio del Príncipe, se decía que mientras curaba las heridas de Draco, Snape pasaba su varita mágica sobre las heridas profundas y murmuraba fórmulas mágicas al mismo tiempo.

Di: VUL-ner-ah sah-NEN-tour

W

1. Waddiwasi

Interpretación: La fórmula verbal del hechizo, con la que puedes quitar una masa blanda de una superficie o agujero y dirigirla hacia el objetivo o víctima.

Visto/Especificado: En septiembre de 1993, Remus Lupin usa Waddiwasi contra Peeves, quien nuevamente estaba cometiendo travesuras al sellar el ojo de la cerradura con goma de mascar.

Di: wah-di-WAH-si

2. Wingardium Leviosa

Ron es un experto en este hechizo

Interpretación: Un hechizo que hace que los objetos vuelen.

Historia del Origen: El encantamiento de levitación fue inventado y utilizado por primera vez en el siglo XVI por el mago Jarleth Hobart. El 16 de julio de 1544, Hobart reunió a una gran multitud de magos, entre los que se encontraba el presidente del Wizengamot, para demostrar públicamente el encantamiento de levitación que había inventado. Se subió al techo de su iglesia, y luego de unos entretenidos discursos y cantar el himno nacional, saltó del techo, quedando suspendido gracias a un hechizo en el aire. Al principio, pareció tener éxito, pero después de colgar en el aire durante tres minutos, la multitud se cansó de mirar y comenzó a silbar y arrojar comida podrida a Hobart.

El mago trató de moverse en el aire, haciendo vigorosos movimientos de natación, pero no se movió. Juzgando que su ropa lo hacía pesado y entorpecía sus movimientos, Hobart comenzó a desvestirse en el cielo. Tan pronto como el mago se quitó su última prenda, se derrumbó en el suelo y se rompió dieciséis huesos.

Después de eso, Hobart se dio cuenta de que el hechizo estaba retenido en su ropa y, al habérsela quitado, abandonó el campo de acción del hechizo. Jarlath probó el hechizo en varios objetos en casa y decidió demostrar el efecto del hechizo una vez más. Esta demostración tuvo más éxito: hizo levitar varios objetos, desde pequeñas piedras hasta árboles caídos.

Visto/Especificado: 1991. Hermione se convirtió en la primera estudiante del curso que logró dominar el hechizo a la perfección. Ron encantó el garrote del troll, lo que lo ayudó a él y a Harry a derrotar al troll y salvar a Hermione.

1992. Harry hizo levitar los pasteles (que estaban empapados en Poción para dormir) para Crabbe y Goyle.

1996. Lee usó dos veces un hechizo para llevar a los Escarbatos a la ventana de la oficina de Dolores Umbridge. Snape pudo usar este hechizo para estudiar el collar de ópalo más de cerca.

1997. Con la ayuda de este hechizo, Harry Potter pudo mantenerse en el aire cuando se cayó del sidecar de una motocicleta voladora sobre la marcha.

« Es leviOsa, no levioSA. » – Hermione Granger

Di: win-GAR-di-um lev-i-OH-sa

Sonorus

¡Mago! ¡Tu reseña es muy importante!

DUELO

El duelo es un enfrentamiento estrictamente regulado entre dos o más magos. En la batalla, un mago intenta desarmar, herir o matar a su oponente.

Hay reglas que determinan cómo llevar a cabo un duelo adecuadamente. Ya son conocidos desde pequeños por magos nacidos en familias mágicas. Por ejemplo, Ron Weasley le dijo a Harry Potter algunas reglas de duelo en el primer año después de que Draco Malfoy desafiara a Harry a un duelo. Aquí hay algunas reglas bien conocidas:

- La batalla se libra con varitas mágicas y, bajo ninguna circunstancia, se debe usar la fuerza física ("peleas muggles").

- Cada uno de los competidores debe tener un segundo. Ron Weasley creía que lo necesitaban para llevar al duelista a casa si moría. Esta regla se observa solo en duelos privados y no es relevante en competiciones y clubes de duelo.

- Los rivales deben inclinarse el uno al otro. Voldemort asoció esta tradición con el ritual de la "inclinación ante muerte". Esta tradición es una formalidad, que se observa solo en batallas oficiales, clubes y campeonatos.

El resultado de un duelo también depende de las circunstancias. En la Edad Media, antes de que el Ministerio de Magia impusiera restricciones al uso de las Artes Oscuras, los duelos solían acabar con la muerte de al menos uno de los contrincantes.

Duelos famosos

Es difícil categorizar de manera inequívoca las batallas que tuvieron lugar entre los personajes. Aquí están solo las batallas descritas por Joan Rowling como duelos.

Duelistas	Circunstancias	Resultado
Magos de toda Europa	Duelo internacional. Darmoor, 1379.	Elizabeth Smudgeling desarmó a su oponente con un hechizo Expelliarmus.
Magos de Inglaterra	Duelo de toda Inglaterra. 1430.	En la batalla final entre Alberta Toothill y Samson Wiblin, ganó la hechicera.
Emeric el Malvado contra Egbert el Egregio	La Batalla de la Varita de Saúco. Inglaterra Meridional, Edad Media.	Egbert tomó posesión de la Varita de Saúco.
Albus Dumbledore contra Gellert Grindelwald	1945.	Testigos calificaron el duelo de espectacular. La victoria de Dumbledore puso fin a las atrocidades de Grindelwald y fue de gran importancia para la historia posterior del mundo mágico. Además, Dumbledore ganó la Varita de Saúco como resultado del duelo.
Harry Potter y Draco Malfoy	Hogwarts, 1991.	Formalmente, el duelo no tuvo lugar. Draco solo atrajo a Harry y Ron fuera de la habitación después de que se apagaran las luces y se lo contó al celador.

Duelistas	Circunstancias	Resultado
1. Hermione Granger y Millicent Bulstrode. 2. Ron Weasley y Seamus Finnigan. 3. Neville Longbottom y Justin Finch-Fletchley. 4. Harry Potter y Draco Malfoy (dos duelos).	Peleas de entrenamiento en el Club de Duelo, otoño de 1992.	1. El duelo terminó en una pelea entre las chicas. 2. Ron no sabía cómo hacer descender a la tierra a Seamus, que estaba flotando en el aire, y se disculpó con él por las acciones de su varita rota. 3. Ambos oponentes quedaron inconscientes. 4a. Encantamientos de regocijo fueron mayormente utilizados. 4b. Draco conjuró una serpiente, lo que provocó que Harry dijera algunas palabras en lenguaje de serpientes.
Harry Potter contra Lord Voldemort	Little Hangleton, 24 de junio de 1995.	Tan pronto como Voldemort renació con la ayuda de la sangre de Harry Potter, le exigió al adolescente que peleara con él en un duelo. Simultáneamente gritaron hechizos: Voldemort, el letal Avada Kedavra y Harry, el hechizo de desarme, Expelliarmus, lo que provocó el efecto de Priori Incantatem. Como resultado, Harry se las arregló para escapar.

Duelistas	Circunstancias	Resultado
Harry Potter contra Lord Voldemort	Batalla de Hogwarts. Gran Comedor, Hogwarts, 2 de mayo de 1998.	Se repitió la técnica de batalla en el cementerio. Voldemort gritó: Avada Kedavra, y Harry Potter: Expelliarmus. La Varita de Saúco en manos de Voldemort se negó a cumplir la voluntad del mago, ya que pertenecía formalmente a Harry Potter. Así, Voldemort fue asesinado por su propio hechizo.

Club de duelo

🖋 En la Inglaterra del siglo XVIII, había un club secreto de duelistas deshonrosos llamado The Silver Spears (Las Lanzas Plateadas). Solo se admitía en el club a los propietarios de varitas de álamo.

🖋 En su segundo año en Hogwarts, el profesor Lockhart creó el Club de Duelo. El club no duró mucho, pero fue muy popular. Algunos estudiantes fueron allí impulsados por la curiosidad, otros por el deseo de mejorar sus habilidades de defensa mágica frente al desconocido "heredero de Slytherin", y otros (la mayoría) querían volver a ver al magnífico Gilderoy con su dentadura reluciente.

Hechos interesantes

🖋 Minerva McGonagall dijo de Peter Pettigrew: "Que niño tan, tan estúpido... ¡Nunca fue bueno en los duelos!" Esta frase permite pensar que Pettigrew se había batido a duelo anteriormente.

🖋 Los gemelos Weasley estaban probando todos los productos que fabricaban. Mientras probaban los Bombones Desmayo y los Turrones Sangranarices, su madre entró en su habitación. Supuso que los hermanos estaban teniendo un duelo entre ellos.

🖋 Percy Weasley habló sobre las negociaciones entre el Ministerio de Magia de Transilvania e Inglaterra para introducir la Prohibición Internacional de los Duelos.

🖋 En la recepción de la boda de Bill y Fleur Weasley, Viktor Krum expresó a Harry Potter su deseo de desafiar a Xenophilius Lovegood a un duelo por el símbolo de Gellert Grindelwald que llevaba en el pecho.

¡QUERIDOS MAGOS!

Gracias por comprar este libro de hechizos. Sé que podrías haber elegido cualquier otro libro para leer, pero elegiste este libro, y por eso les agradezco mucho.

Si disfrutaste este libro y encontraste algún beneficio al leerlo, espero que también te tomes un momento para dejar una reseña. Quiero que tú, mago, 😊 sepas que tu reseña es muy importante.

Aquí es donde termina el tiempo mágico, pero no por mucho tiempo. Suscríbete a las actualizaciones del autor en Amazon y al mágico y útil boletín informativo. Cuando se publiquen nuevos libros sobre el mundo de Harry Potter, se le notificará por correo de búho. 😊

¡Gracias por tu atención, N🧿x!

Mágicamente tuyo,

Newt Flamel

Trasladores al Universo de Harry Potter

Transpórtate al mágico mundo de Harry Potter con esta serie de libros no oficial, llena de impresionantes ilustraciones y materiales exclusivos. Estos Trasladadores serán el regalo perfecto para los fanáticos del universo y enriquecerán tu comprensión de la magia. ¡Únete al club de fans de HP!

①

Harry Potter Libro de Hechizos: Sumérgete en el mundo de la magia, explorando la descripción detallada y la historia de cada hechizo del universo de Harry Potter, y aprende cómo lanzarlos.

②

Harry Potter Datos Mágicos: Descubre detalles sorprendentes y poco conocidos sobre tus personajes favoritos, eventos y lugares. Aprende datos interesantes sobre el autor del libro y los actores que dieron vida a los personajes en la pantalla.

El Próximo Capítulo en la Magia...

¡La magia continúa! Estoy orgulloso de anunciar que el trabajo en el próximo libro del Universo de Harry Potter ya está en marcha. Sumérgete aún más profundamente en un mundo de magia, misterios y aventuras conmigo. No pierdas la oportunidad de ser uno de los primeros en saber sobre el lanzamiento del nuevo libro — suscríbete a mí en Amazon y únete a mi mágica Página de Facebook. ¡Que la magia esté contigo!